낙도 전도왕

낙도 전도왕

초판 1쇄 발행 2012년 3월 1일

지은이 반봉혁

펴낸이 장주희
펴낸곳 아이러브처치
디자인 김미경

전화 0505) 267-0691
팩스 032) 505-6004
등록일 2005년 2월 16일
등록번호 제 2005-6호
홈페이지 www.churchbook.net
이메일 churchbook@hanmail.net

판권소유 ⓒ 아이러브처치 2012
값 10,000원

ISBN 978-89-92367-80-6 03230

"아이러브처치(ilovechurch)는 예수 그리스도가 주인인 교회를 사랑하며, 마지막 '때'(마 24:14)의 사명을 감당하고자, 믿음의 식구들과 함께 기도하며 준비하는 선교단체입니다. 아이러브처치는 찬양을 통한 영적회복, 도서를 통한 영적 강건함, 문화를 통한 복음화, 그리고 세계선교의 비전을 추구합니다."

「이 책의 모든 저작권 보호를 받으므로 무단전제와 복제를 할 수 없습니다.」

영혼을 향한 반봉혁 장로의 낙도 전도일지
전도의 열정과 영혼에 대한 사랑을 일깨워 줄 **낙도행전**

낙도 전도왕

반봉혁 지음

추천의 글

반봉혁 장로님의 낙도 선교 간증을 담은 〈낙도 전도왕〉 출판을 진심으로 축하합니다.

우리 나라는 3면이 바다로 덮여 있어서 섬들이 많이 있습니다. 사람이 살지 않는 무인도(無人島)에서부터 수십 수백 가구가 모여 사는 섬도 있습니다. 낙도민들은 육지에 한 번씩 나오려면 몇 시간 동안 배를 타야 합니다. 그만큼 그들은 사람들과 정보로부터 단절되어 있기 때문에 사람이 그립고, 새 소식을 그리워하며 삽니다.

그런데 이렇게 외롭고 고독한 섬 주민들을 찾아다니며 복음을 전하는 반 장로님을 통해 가장 최우선으로 들어야 할 새 소식, 기쁜 소식인 예수님의 사랑의 이야기를 듣는 것은 그들의 살아온 생애 자체를 완전히 바꿔놓는 역사적인 만남입니다.

예수님께서 나를 위해 피 흘려 돌아가셨다는 소식만큼 위대하고 놀라운 소식은 없습니다. 바닷가에 의미 없이 흩어져 있는 모래알 같은 인생에서, 이 세상 65억 인구 중에서 특별히 나를 부르시고, 나를 대신하여 십자가상에 달려 돌아가시고 3일 만에 다시 살아나셔서 하나님 보좌 우편에서 앉아 계시면서 우리를 위해 기도하시고, 다시 오실 예수님을 고대하며 사는 것은 소망의 삶입니다.

사랑하는 내 친구 박요한 목사님 같은 분은 예장 합동 총회장을 지냈지만 지금도 섬 주민들을 찾아다니면서 복음을 전합니다. 섬에서 낳고 자라면서 낙도의 순교자 문준경 전도사님의 영향을 받은 나는 박 목사님이나 반 장로님 같은, 이름 없이 빛도 없이 낙도 선교를 위해 수고를 아끼지 않는 분들이 눈물겹도록 고맙게 느껴집니다.

바라기는 이 책을 읽는 독자들마다 낙도 선교를 위해 기도해 주시고, 그곳에서 사역하는 목회자들과 교회들과 자매 결연을 맺고 기도와 물질과 사랑으로 섬기며 섬 주민들을 그리스도께로 인도하는 일에 아름다운 동역을 이룰 수 있기를 바랍니다.

2007년 6월

성시화운동 총재 고(故) 김 준 곤 목사

추천의 글

축구장에서 최고의 축구선수는 골을 잘 넣는 사람입니다. 그리고 야구장에서 최고의 야구선수는 홈런을 잘 치는 사람입니다. 교회와 신앙인에 있어 최고의 신앙인은 전도하는 사람일 것입니다. 영혼구원만큼 신앙인에게 중요한 것은 없습니다.

반봉혁 장로는 그동안 수많은 영혼들에게 구원의 소식을 들려주었습니다. 그의 전도 이야기를 쓴 "두부 전도왕"에는 얼마나 그가 불신자들에게 다가서고 그 영혼들을 사랑했는지 잘 보여줍니다. 특별히 그의 전도 간증을 듣고 있노라면 전도에 대한 열정을 내내 느낄 수 있습니다.

저는 이번에 반봉혁 장로의 새로운 두 번째 책 "낙도 전도왕"이 출간되었다는 소식에 다시 한 번 기쁨을 감출 수 없었습니다. 그동안 그는 육지에서 멀리 떨어진 섬들을 방문하여 그곳의 노인들에게 복음을 전해왔습니다. 개인적으로 물질을 털어 생활용품 등을 섬 주민들에게 주었고 그분들의 말벗과 친구가 되어주었습니다. 그들이 하나 둘 마음을 열어 하나님의 말씀에 귀를 기울일 때마다 놀라운 변화가 일어났고 예수를 영접하기 시작했습니다.

  이 책은 바로 반봉혁 장로의 섬 주민들에게 복음을 전하는 놀라운 이야기입니다. 영혼을 사랑하는 그의 열정을 엿볼 수 있습니다.

  이 책이 출간되어 정말 기쁘게 생각합니다. 이 책은 모든 성도들이 읽어야할 책임에 틀림없습니다. 모든 분들이 이 책을 통해 다시 한 번 마음 깊은 곳에서 영혼구령의 타오름을 느꼈으면 좋겠습니다. 영혼을 사랑하는 마음이 회복되었으면 합니다. 모든 분들에게 이 책을 기꺼이 추천합니다.

연세대학교 의과대학 외래교수
신바람건강박사 황 수 관

인사말

먼저 낙도 전도왕이 출간될 수 있도록 인도해주신 하나님께 감사와 영광을 돌립니다. 부족한 종을 낙도까지 보내주셔서 생명을 구원하는 사명을 주신 하나님께 진심으로 감사를 드립니다. 무엇보다도 가족들이 있어서 지금까지 힘써 전도할 수 있었습니다. 일생동안 홀로 네 자녀를 헌신과 사랑으로 키워주신 어머니(고 양옥순)께 먼저 감사를 드립니다.

항상 아버지처럼 격려와 위로로 사랑해 주신 큰형님(반봉민)과 작은형님(반봉영) 그리고 먼 미국 땅에서 오빠를 위해 지금도 기도하고 있는 여동생(반은희 집사)과 매제(이우영 집사) 큰형수님(함영남) 작은형수님(이영희), 옆에서 항상 위로와 격려로 기도해 준 사랑하는 아내(최희자 권사)와 아들내외에게도 감사를 드립니다.

어렵고 힘들 때마다 따뜻한 사랑으로 이끌어 주시고 품어주셨던 왕지교회 김용태 목사님과 용인생명샘교회 박승호 목사님께 진심으로 감사드립니다. 지금까지 하나님의 은혜 가운데 올 수 있었던 것은 많은 분들의 사랑과 기도가 있었기 때문입니다.

영적인 아버지시며 이 나라의 복음과 세계성시화운동본부 총재이신 고 김준곤 목사님께 감사를 드립니다. 뉴욕성서감리교회 김종일 목사님, 벅스카운티교회 김풍운 목사님, 달라스중앙연합감리교회 이성철 목사님, 뉴욕 퀸즈한인교회 이규섭 목사님, 뉴욕 낙도사무총장이신 할렐루야교회 한기술 목사님, 인디애나 은혜한인교회 조은성 목사님, 엘림침례교회 윤용필 목사님, 시카고한인교회 서창권 목사님, 시애틀 빌립보교회 최인근 목사님, 뉴욕 제일장로교회 조성훈 목사님, 캐나다 헤브론교회 송철웅 목사님께 감사드립니다.

달라스중앙연합감리교회에 출석하면서 믿음의 프로골퍼로 헌신하시는 최경주 권사님과 김현정 집사님, 루인스빌 한인장로교회 정하용 장로님께 감사를 드립니다.

그리고 제천동부교회 이현택 목사님, 익산예안교회 오주환 목사님, 논산중앙교회 최약선 목사님, 서울 개포감리교회 안성옥 목사님, 충무중앙성결교회 김철호 목사님, 목포창조교회 김경윤 목사님, 순천 천보교회 이길수 목사님, 아산 대동감리교회 박두규 목사님, 공주 우리들교회 권균환 목사님, 구세군 아현교회 이충호, 김숙자, 강정길, 남기숙 사관님, 함양 광월교회 구본호 목사님, 산청 남사교회 이석주 목사님, 인천 동산감리교회 조혁 목사님, 우리 신바람 낙도선교회원으로 헌신하신 사무총장 조영경 집사님, 강안숙 사모님, 진주감리교회 권오창 권사님께 감사를 드립니다.

여의도순복음 강남교회를 다니면서 하이마트를 경영하면서 믿음의 기업을 이끌고 계신 선종구 장로님, 정숙자 권사님과 순복음 분당교회 구명옥 집사님께 감사드립니다.

지금 이 시간에도 신바람 낙도선교회 사역을 위해 세계 곳곳에서 기도와 물질을 후원해주신 모든 동역자들에게 감사를 드립니다. 모든 낙도회원들에게 진심으로 감사를 드립니다. CTS 기독교TV 전남 팀장이신 이광명 집사님과 윤희준 PD에게도 감사드립니다.

이 책이 나올 수 있도록 여러 가지로 힘써주신 아이러브처치 장주희 대표과 편집해주신 임금선 작가에게도 감사드립니다. 이 책을 하나님의 사람이 될 수 있도록 올바로 키워주시고 저의 가슴속에 영원히 살아계신 사랑하는 양옥순 어머니께 바칩니다.

마지막으로 이 책을 통해 낙도에서 외롭게 살아가며 문명 혜택을 전혀 받을 수 없고 교회가 없어 복음까지 전할 수 없는 낙도에 계신 모든 분들이 100% 구원 받을 때까지 영혼구원에 최선을 다할 것이며, 이 책을 통해 교회마다 전도의 불길이 타오르며 우리나라에 있는 모든 낙도에 계신 분들이 복음을 듣고 구원받을 수 있도록 부흥의 불길이 다시 한 번 일어나기를 간절히 기도합니다.

반 봉 혁

✤ 우리나라에서 제일 크게 성장하고 있는 대전 열방감리교회 임제택 목사님과 김명자 목사님과 함께

✤ 대전 열방감리교회에서 간증집회 중 성령님의 강력한 임재가 있는 모습

✤ 미국 필라델피아영생교회 이용걸 목사님과 함께

✤ 한 영혼을 구원시키기 위해 300m가 넘는 광도섬에 힘들게 가스통을 메고 가는 모습

✤ 말기암으로 고통받던 중 성령님의 은혜로 치료받고 낙도선교회 복음선 구입비로 선교헌금해주신
미국 LA얼바인침례교회 임베로니카 집사님

✤ 신바람 낙도선교회 대표고문이신 황수관 박사님과 함께

❖ 집수리 장면

❖ 낙도 할머니 할아버지들께 세배드리는 모습

❖ 왕지교회 김용태 담임목사님과 조영경 집사, 그리고 손일기 성도님

❖ 소두라도 황대아 할머니와 함께

✤ 처음으로 구입한 선교선 '153 시몬' 호

✤ 전 인천지검 검사장 전용태 장로님과 최호자 권사님

✤ 집수리후 너무 기뻐서 노래하시는 이도옥 할아버지, 황분자 할머니 모습

✤ 수항도 곽후방 할머니와 이도옥 할머니, 황분자 할머니와 함께

✤ 낙도에 공급할 물품을 나르는 모습

✤ 여의도순복음교회
철야집회

✤ 미국에서 낚시(낚시꽝)하는 모습

✤ SF, LA 성시화대회에서 존경하는 고 김준곤 목사님과 함께

✤ 낙도에 계신 모든 어르신들에게 2주일마다 김치를 담가 보내주신
속초조양감리교회 이병후 집사님(산들바람 대표) 가족

✤ 죽음의 문턱에서 하나님의 은혜로 건강을 회복한 오영숙 집사님, 시부모님과 함께

✤ 한달에 한두번씩 생필품을 가지고 출항하기 전 모습

✤ 미국 집회중 정성스럽게 섬겨주셨던 미국 하트포드교회 김선만 목사님과 교우일동

✤ 미국 전역의 목사님들에게 세미나를 마치고 LA 빅베어 산장에서 담소하고 있는 목회자성경연구회 원장이신 박승호 목사님과 함께

✤ LA 빅베어 산장에서 목회자성경공부를 마친 후 함께 한 박승호 목사님과 목회자 일동

✤ 하나님, 이 산지를 내게 주소서, 정기적으로 지리산 노고단에서 기도하는 모습

| 차례 |

추천의 글_ 김준곤 • 4
추천의 글_ 황수관 • 6
인사말 • 8

I. 지금까지 지내온 것

  1. 전도자의 씨앗 • 28
  2. 하나님께서 주신 가장 큰 선물 • 30
  3. 모든 사람들의 어머니 • 33
  4. 어린 시절의 스케치 • 35
  5. 가난해도 풍요로웠던 시절 • 40
  6. 내 안에 떨어진 복음의 씨앗 • 42
  7. 여장부 어머니 • 46
  8. 사랑도 배우는 것 • 49
  9. 신령한 젖을 사모하라 • 51
  10. 생명줄을 던지신 하나님 • 53
  11. 내가 만난 최초의 전도자 • 56
  12. 하나님 마음이 부모의 마음 • 59
  13. 삶의 우선순위를 가르치라 • 63
  14. 아내의 눈물 • 66
  15. 사랑하는 내 친구들 • 69

II. 미국 집회

1. 미국 집회의 열매들 • 78
   1) 40년 기도의 응답 • 78
   2) 동생 반은희 집사의 이웃 전도 • 80
   3) 지옥은 더 뜨거워요 • 82

2. 베푸는 손길들 • 84
   1) 아름다운 복음의 발 • 84
   2) 산삼이 웬말인가? • 85
   3) 마무리도 하나님께서 • 87
   4) 프로골퍼 최경주 권사 • 88

3. 신유의 사건들 • 92
   1) 최빛나 이야기 • 92
   2) 유승희 집사의 암치료 • 99
   3) 치유의 역사들 • 100
   4) 깨끗해진 입안건조증 • 101

III. 전도 사건들

1. 속아도 기뻐요 • 104
2. 저도 천수경을 읽었습니다 • 106
3. 태영사 주지의 매운탕집 사건 • 109
4. 땅주인은 하나님 • 111
5. 주일학교 대장 • 114
6. 신길동 집회 사건 • 117
7. 노인대학 강의 • 118
8. 작은 소자에게 한 일 • 122

9. 승려 박병기 성도 이야기 • 124
10. 충무중앙성결교회 • 130
11. 살아있는 신유의 역사들 • 137
12. 환갑에 돌아온 성동 3회 • 142

IV. 생명줄 낙도선

1. 섬에 대한 환상을 깨라 • 148
2. 낙도 선교의 정체성 • 150
3. 발대식의 숨겨진 이야기들 • 154
4. 낙도선교선 구입과정 • 157

V. 낙도를 찾아서

1. 광도 • 166
2. 추도 • 169
3. 소두라도 • 177
4. 자봉도 • 181
5. 화하도 • 186
6. 사도 • 190
7. 소행간도 • 189
8. 송여자도 • 191
9. 남면 • 199
10. 생명을 건 낙도선교 • 201
11. 치열한 영적 전쟁터 • 216
12. 낙도 사랑의 집수리하기 • 218

VI. 낙도의 전도전략

1. 전도의 기본전략 • 226
   1) 전도전략의 기본은 기도입니다 • 226
   2) 성령충만해야 합니다 • 226
   3) 꾸준해야 합니다 • 226
   4) 타이밍이 중요합니다 • 227
   5) 전도 후의 양육이 중요합니다 • 227
   6) 내가 현재 있는 곳이 중요합니다 • 229

2. 왜 전도를 해야 하는가? • 230

3. 전도 후 사후관리 • 234

4. 전도 자체가 삶 • 238
   1) 낮아져야 전도할 수 있습니다 • 238
   2) 눈치를 왜 보나요? • 240
   3) 예수님은 왜 어부들을 부르셨을까? • 242
   4) 고기의 특성을 파악하자 • 244

5. 전도는 우리의 필수 • 247
   1) 어둠의 세력이 두려울 때 • 247
   2) 다른 종교를 비방하지 말 것 • 249
   3) 믿는 사람들 보기 싫어서 안 믿는다 • 253

6. 하나님께서 살려주신 이유 • 255

7. 전도자에게 주시는 축복 • 257

VII. 부록 • 261

I

지금까지 지내온 것

1
전도자의 씨앗

현재의 내 모습이 낯설 때, 왜 이 길을 걷게 되었는지 잘 모를 때엔 시간을 거슬러 올라가보곤 합니다. 청년기로, 소년기로, 기억의 끝인 서너 살 때까지. 이 신비한 시간여행을 통해 잊힌 얼굴들이 떠오릅니다. 또 이미 세상을 떠난 어른들이 내게 남긴 흔적들 속에 하나님의 인도하심이 있었음을 확인하게 됩니다. 이번 책에서는 제가 '전도왕'으로 불리기까지 보이지 않게 도움을 주시고, 기도해주신 많은 분들을 소개하고 싶습니다. 그리고 태중에 있을 때부터 저를 아시고 지목하신 하나님께서 어린 시절부터 지금까지 저를 어떻게 인도하셨는지 말씀드리고 싶습니다.

저의 부모님은 이미 세상을 떠나셨지만 대신 제게 많은 어머니 아버지를 남겨주셨습니다. 비래마을, 상비마을, 매봉마을, 그리고 외로운 낙도에 계시는 모든 할머니 할아버지, 이분들 모두가 저희 어머니시며 아버님이십니다. 저의 애끓는 기도에도 불구하고 어머님께서 하나님 품으로 가신 것도 아마 이분들에게 복음을 전하고 못 다한 효도를 하라는 뜻인 것 같습니다. 하나님께서는 제 삶 속에서 크고 작은 경험들 모두를 하나님 나라 확장을 위해 사용하시는 것 같습니다.

얼마 전 미국집회 때문에 이 나라를 한동안 떠나있을 때의 일입니다.

✤ 어머니와 웅철이

저도 섬의 할머니 할아버지가 뵙고 싶지만 그분들 역시 저를 그리워했다더군요. 그래서 귀국하자마자 시차적응이 안된 상태에서도 한시라도 빨리 그분들을 뵙고 싶은 마음이 굴뚝같았습니다. 게다가 미국에서 챙겨온 크고 작은 선물들을 받으시고 기뻐하실 얼굴들을 생각하니 제 입이 다물어지질 않았습니다.

2
하나님께서 주신 가장 큰 선물

 어머니께서 혈액투석을 하시고, 시력도 거의 잃으신 채 물주머니를 차고 계실 정도로 상태가 안 좋으셨지만 저는 무슨 수를 써서라도 어머니를 살려보겠다는 마음으로 별의별 방법을 다 동원했었습니다. 일단 목표를 정하면 포기하지 않는 제 성격도 한 몫을 했지만 하나님께서 저를 연단시켰던 것 같습니다.

 한 예로 저는 당뇨로 인한 시력저하에 쥐를 산채 고아 먹으면 좋다는 말을 듣고 열심히 쥐를 잡았습니다. 쥐덫을 여기저기 놓아 쥐를 기다리다 보니 '쥐잡기 운동'이 한창이던 60년대가 그리울 정도였습니다.

 또 해당화 뿌리가 좋다는 말을 듣고는 열심히 해당화 뿌리를 캐러 다녔습니다. 그뿐이 아닙니다. 굼벵이가 좋다는 말을 들었을 때에는 해묵은 초가집을 찾아다니며 지붕 밑에 바글대는 굼벵이들을 채취했습니다. 어머니께서는 이것들을 드시며 눈물을 흘리곤 하셨을 정도였습니다. 대한민국의 이름난 병원들도 다 찾아다녔습니다. 그러나 이러한 인간적인 노력도 허사가 되고 금식기도도 물거품이 된 것 같아 저는 심한 상실감으로 괴로웠습니다. 하지만 그래도 우리 어머님이 천국에 계시다는 생각을 하면 소망이 되살아났습니다. 그리고 어머니 영혼을 구원하신 하나님께 감사와 찬양을 드리지 않을 수 없었습니다. 또 한 번도 싫은 내색을 하지 않고 어머니를 챙기시던 형님과 함께 어머니를 업고 다니며 애를 썼던 매제 이우영과 불법인줄을 알면서도 곰쓸개를 몸에 숨겨 오셨던 작은 형님, 그리고 다른 식구들과 친지들에게 고마운 마음을 전하고 싶습니다.

그런데 최선을 다한 것은 저희들뿐만이 아니었던 것 같습니다. 어머니 당신께서도 행여 저희를 불쾌하게 할까봐 돌아가시기 전까지 깔끔한 용모를 유지하시려고 애를 쓰셨습니다.

부끄럽지만 고등학교 때까지 어머니의 젖을 만졌던 저는 늘 입버릇처럼 말했습니다. 어머니께서 돌아가시면 양지바른 곳에 묻어드린다고 말입니다. 어머니는 지금 왕지교회 바로 밑 양지바른 곳에 묻혀계십니다.

✤ 사랑하는 가족

그래서 제가 교회에 갈 때마다 지나다니며 어머니를 그릴 수 있습니다. 풀을 자르면서도 맘속으로 "엄니!"라고 부릅니다. 그리고 제가 너무 괴로워 기도도 할 수 없을 때에는 그곳에 가서 눈물을 맘껏 흘리며 한참 앉아 있다고 오면서 위로를 얻곤 합니다.

3
모든 사람들의 어머니

어머니께서도 저희 4남매만 키우신 것이 아닙니다. 삼촌들도 어머니께서 키우시다시피 하셨습니다. 그래서 어머니께 감사의 뜻을 전하고자 미국, 일본에 초대를 하기도 했습니다. 어머니께서는 지금 제 곁에 계시지 않지만 어머니가 남기신 나눔의 행적의 후광을 지금도 제가 누리고 있습니다. 제가 내딛는 발걸음 하나하나를 거슬러 올라가면 늘 내 어머니가 미소 짓고 계시기 때문입니다.

제가 헌병대생활을 마치고 3년 동안의 군 생활을 하면서 모은 돈이 조금 있었습니다. 그 돈으로 헌병대 경봉마크가 새겨진 금반지를 만들어 어머니께 끼어드렸습니다. 아마 지금은 어머니께서 천국의 황금 길을 걷고 계시리라 생각됩니다. 어머니께서 저의 어머니만이 아니셨듯이 이제는 제가 어머니 연배의 할머니, 할아버지를 제 부모로 여기고 섬길 것입니다.

그래도 이따금 어머님께서 정말 천국에 가셨을까 궁금할 때가 있습니다. 그래서 어머니께서 천국에 계신 것을 보여 달라는 기도를 했습니다. 제 기도는 3개월이나 계속되었습니다. 그러던 어느 날 제가 살고 있는 광영 동광아파트 거실 소파에서 깜빡 잠이 들었습니다. 꿈에 어머니께서 저와 함께 십자가 앞에서 기도를 하고 계셨습니다. 어머니의 모습은 아주 아름다우셨습니다. 검정 비로도와 하얀 땡땡이 무늬 옷을 입으시고 건강하실 때의 그 환하고 복스러운 모습을 하고 계셨습니다. 제가 어머님을 만지려고 하자 죽은 사람은 못 만진다고 하셨습니다. 어머니를 그리워하다보니 꾼 꿈이겠거니 생각하지만 어머니께서 천국에 계신 것이 분명하다는 확신이 들어 안심이 되었습니다.

4
어린 시절의 스케치

개구리울음 소리가 들릴 때마다 저는 두 눈을 감아봅니다. 개구리 소리를 들으면 어릴 때 고향 생각, 철부지 시절 생각이 납니다. 눈을 감으면 넓디넓은 푸른 빛 논밭이 눈앞에 펼쳐집니다. 모두 외갓집 소유의 논이지요. 외갓집 근처에는 일제 강점기 때 크게 폭격을 맞은 건물이 하나 있었습니다. 흉물스런 모습에 가까이 가면 으스스해지기도 합니다. 동네 사람들은 그곳을 '비행기 공장'이라고 불렀는데 정말 비행기와 관련이 있는 곳이었는지 아닌지는 잘 모르겠습니다. 저는 무서워서 그 비행기공장 옆을 제대로 지나다니지 못했습니다.

오뉴월 개구리 소리는 유별납니다. 활기차다고나 할까요. 아마 논물에 알을 낳은 시기라서 그런 것 같습니다. 양분에 달려 있는 울음주머니를 한껏 울려 짝을 부르는 것인지도 모릅니다. 어쨌든 이 개구리들은 한 마리가 보통 1천개가 넘는 알을 낳는다는 것을 훗날 학교에서 배워 알게 되었습니다. 개구리밥이 둥둥 떠 있고, 그 밑에 위장술의 천재인 개구리들이 숨어 있으면 그것이 정말 개구리인지 물풀인지 분간하기 힘들 정도입니다. 논물에는 개구리만 있는 것이 아니었습니다. 송사리, 미꾸라지, 버들치, 기름미꾸라지 등이 헤엄치고 있었습니다. 기름 미꾸라지는 "점줄

✤ 친구 고 장순모, 박병만,
고 윤병태(철), 김원준과
대학시절 강원도 치악산에서

종개"의 사투리입니다. 이놈은 몸길이가 약 8-10cm 정도인데 물에 사는 곤충을 잡아먹고 삽니다. 아이들과 어울려 논물에 들어가면 위협을 느끼고 얼른 논바닥 속으로 파고 들어가 숨어버립니다. 몸 전체는 연한 노란색이며 등에는 진한 갈색의 얼룩무늬가 있는데 아직도 그 모습이 생생하게 기억납니다.

그뿐이 아닙니다. 모두들 싫어하고 겁내는 거머리도 살고 있습니다. 원래 거머리는 식수가 가능할 정도로 깨끗한 1급수 물에 서식합니다. 장구애비도 빼놓을 수 없지요. 몸길이가 3-4센티미터 정도의 장구애비는 낮에는 물풀이나 물속에 가라앉은 낙엽 밑에 몸을 숨기고 있다가 밤이 되면 먹이를 찾아 나섭니다. 저는 장구애비를 볼 때마다 마귀새끼 같다는 생각도 합니다. 믿음이 약한 사람이나 구원의 확신이 서지 않은 사람들을 쓰러뜨리는 그런 마귀 말입니다. 왜냐하면 장구애비가 먹이를 먹을 때에는 낫처럼 생긴 앞다리로 곤충이나 작은 물고기를 잡은 뒤 그 체액을 빨아먹는데 나중에 보면 속이 텅 빈 껍질만 남아있게 됩니다. 정말 무서운 놈입니다. 오죽하면 이놈을 '물속의 전갈'이라고 부르겠습니까?

그런데 아이러니컬하게도 물 위에서 덤벙거리는 그놈의 모습은 흥이 나서 노래 부르며 장구를 치는 것과 흡사합니다. 그래서 이름도 '장구애비'라 지은 모양입니다. 우리 주변에도 영적 장구애비들이 많으므로 늘 성령으로 충만해있지 않으면 속사람을 완전히 빼앗기고 말 것입니다.

어릴 때 제가 제일 재미있어 했던 일은 새우를 쫓는 놀이였습니다. 징검새우는 한 쪽 다리만 길어서 붙여진 이름 같습니다. 붕어들도 웬만해서는 도망을 잘 안 가는데 징검새우는 쪽대로 몰아붙이면 허둥지둥 내빼는데 그 모습을 재미있어 했던 것 같습니다. 쪽대는 대나무로 만든 긴 장대인데 끝부분에 'V' 자 홈을 만들어 감을 딸 때도 사용하고 가재나 새우를 잡을 때에도 사용합니다. 가재도 잡고 버들붕어랑 각시붕어도 잡곤 했습니다. 이것들을 잡는 재미는 이루 형언할 수가 없습니다. 각시붕어는 각시처럼 예쁘게 생겨 붙여진 이름인데 지금은 천연기념물로 지정되었습니다.

친구들과 어울려 신나게 놀고 있는 동안 외할머니와 외숙모께서는 논에서 피를 뽑느라 땀을 뻘뻘 흘리셨습니다. 어린 나이에도 벼와 피가 어쩌면 그렇게 비슷하게 생겼던지 신기하기 그지없었습니다. 나중에 예수님을 믿고 성경을 읽다가 가라지의 비유를 읽고 정말 놀랐습니다. 이 두 가지는 정말 겉으로는 구별하기가 힘들기 때문입니다. 그래서 애꿎은 벼까지 뽑을까봐 초보에게는 피 뽑는 일을 안 시켰나봅니다. 그러니까 자비가 풍성하신 예수님께서 추수 때까지 그냥 놔두라고 하신 것 같습니다.

물놀이에 싫증이 날 무렵 물잠자리 떼가 노니는 것을 바라봅니다. 거무스름한 빛의 물잠자리가 짝짓기를 하는 것을 보고 마냥 신기해하기도 했습니다. 노란 빛을 띤 암컷과 청록빛 날개를 지닌 수컷의 날개가 햇빛을 받으면 흰색처럼 빛납니다. 마치 천사의 날개 같다는 생각을 하게 합니다. 이 모습을 보면 아이들은 쌍비행기 날라 다닌다고 소리를 지르곤 했습니다. 봄에는 주로 왕잠자리가 날아다닙니다.

여름이 지나고 추수 때가 되면 빨간 고추잠자리 떼들이 하늘을 덮듯 날아다닙니다. 하루 종일 놀다가 저녁을 먹고 노을 지는 하늘을 바라보며 휴식을 취하면 어린 나이에도 그 풍요로움과 한가로움이 느껴지곤 했습니다. 지금 생각하니 이러한 자연 속에서 성장하게 된 것은 하나님의 은혜가 아니었나 싶습니다. 근처 고랑을 통해 맑은 물이 흐르고 있었는데 그곳에서 벅수(고기 잡는 어항- 멍청하다는 뜻)로 물고기를 잡았습니다.

제가 다니던 순천 중앙초등학교는 오랜 역사를 자랑하고 있습니다. 순천시 풍덕동에 위치한 이 학교는 1937년 '순천 공립 보통학교 부설 간이학교' 로 설립이 되었습니다. 그 후 1954년 '순천중앙국민학교' 로 개칭했습니다. 저는 그 시절 아주 즐겁게 학교를 다녔던 것 같습니다. 아마도 모두 떠받들어주는 맛에 그럴 수도 있겠지요. '내가 최고여야 한다' 는 의식이 아마 이때 생겨났던 것 같습니다.

외갓집은 순천중앙초등학교에서 약 2킬로미터 정도 떨어져 있었고 근처에 2십 마지기 정도의 논이 있었는데 그 가운데 열 마지기를 학교에 희사했고, 그것이 학교 운동장이 되었습니다. 지금은 그 앞에 순천역이 있고 번화가로 변했지요. 학교 앞에서는 뽑기와 달고나를 사먹곤 했습니다. 침을 묻혀가며 가슴을 졸이며 뽑기를 하다가 형태가 부서져 버리면 아쉬워하며 몽땅 입속에 넣곤 했습니다. 그러면 들척지근한 설탕과 씁쓰레한 소다 맛이 입 안 가득 번집니다. 푸른 하늘 뭉게구름과 같은 솜사탕도 잊을 수가 없습니다.

5
가난해도 풍요로웠던 시절

저는 순천성동초등학교를 1학년에 다시 입학하여 어느덧 4학년이 되었습니다. 그해 순천지역에 큰 수해가 있어서 미국에서 보내준 우유가루를 배급받았습니다. 그 우유가루를 도시락에 넣어 찌면 딱딱하게 굳어지는데 그것을 어찌나 많이 먹었던지 배탈이 난 적도 있습니다. 그 당시엔 먹을거리들이 하도 귀해서 소위 부자동네인데도 쌀밥 먹기가 힘들었습니다. 점심을 굶는 아이들도 있었고, 도시락대신 고구마를 가지고 오는 아이들도 있었습니다. 그런데 도시락에 계란을 얹어줄 정도면 아주 대단한 부잣집에 속했습니다. 추운 겨울이면 학교에서 점심시간에 물을 끓여 주었습니다. 도시락을 데우는 난로는 주로 나무를 땠지만 이따금 열차가 지나가면서 기관사들이 조개탄을 떨어뜨려주고 가면 그것을 주워 집에서 때곤 했습니다.

이 시절엔 전기를 마음대로 쓸 수 없어서 대낮에 실컷 놀고 저녁을 먹으면 일찍 잠자리에 들곤 했습니다. 낮과 밤의 구별이 없는 오늘날과는 매우 달랐습니다. 전기는 하루 종일 들어오는 특선과 저녁에만 잠깐 들어오는 일반선으로 구분되었습니다. 일반선도 잘 사는 집에나 들어왔습니다. 외갓집은 그래도 부자 소리를 듣는 집이었기에 초롱불과 전기를 같이 사용했습니다. 이부자리를 펴고 누웠지만 잠이 잘 오지 않을 때마다 제 귀에 들려오는 소리가 있었습니다.

"해삼!" 그 당시 여수에서 해삼을 많이 잡았었지요.

"당고!" (당고는 '찹쌀떡'의 일종)

장날 이야기를 빼놓을 수가 없습니다. 그 당시 5일장과 7일장이 있었습니다. 장이 설 때에는 경상도 하동에서도 사람들이 많이 올라오곤 했습니다. 어머니께서는 젓갈을 골고루 사셨던 것 같습니다. 갈치젓, 새우 젓 등을 포함하여 일곱 가지 젓갈을 섞어 담근 김치 맛을 어디에서 또 맛볼 수 있을지 모르겠습니다.

내 관심은 붕어빵, 뻥튀기, 팥죽에 있었습니다. 단팥죽에 계피가루를 넣고 땅콩을 부셔 넣으면 별미였습니다. 파전을 지지는 냄새도 입맛을 다시게 했습니다. 그러다가 "뻥이요!" 하는 소리에 긴장을 하면서도 절로 신이 났습니다. 입을 뻐끔거리는 잉어도 볼거리였습니다.

"잉어!"라고 외치면 외할머니께서는 "저런 것은 살려 줘야 하는데 죄받으려고 저런다니?" 하시며 안타까워 하셨습니다. 불교영향이 깊이 배어 있었던 탓이었습니다. 거품을 물고 죽어가는 참게나 열 마리씩 짚에 엮여 있는 짱뚱이도 안쓰럽게 바라보셨습니다.

6
내 안에 떨어진 복음의 씨앗

내가 중학생이었을 때 일입니다. 지금부터 약 45년여 전쯤 될 겁니다. 택영 삼촌(반택용 장로)의 할아버지께서 의사선생님이셨는데 그분께서 소천하시고 삼촌의 어머님께서 저희 집에서 오래 머물게 되었습니다. 그분께서는 순천제일교회에 다니시면서 저녁마다 이렇게 외치셨습니다.

"아가, 난 하나님께 기도하러 갈란다."

이렇게 매번 한마디만 하시고 군용담요를 들고 기도하러 가셨습니다. 아직 예수님을 모르던 가족들과 그 당시 가정부(식모라고 불렀음)는 할머니께서 실성하셨다고 생각했습니다. 어머님의 기도 덕분인지 지금 그분의 자제들은 미국에서 소위 엘리트로 또 부자로 잘 살고 있습니다. 기도의 어머니를 둔 그분들이 참 부럽습니다.

이른 바 참 그리스도인으로 내게 영향을 주었던 사람은 제 매형(김창중 장로)이었습니다. 매형은 그 당시 승주약국 영업부장으로 일하고 있었는데 몸이 피곤할 텐데도 주일만 되면 양복을 말끔하게 입고 순천동부교회에 열심히 다녔습니다. 주위에서 예수쟁이니, 담배도 못 피는 병신이니 하며 놀렸지만 아랑곳하지 않았습니다. 그 성실함을 높이 평가하신 어머니께서는 사촌누나(양영자 권사)와 맺어주셨습니다.

저도 중학교 때 교회를 다니곤 했습니다. 제 딴에는 외할머니를 전도하겠다는 마음에 시골교회 칸타타에 할머니를 초대했습니다. 칸타타를 마치고 오늘 어땠느냐고, 무엇이 남았냐고 할머니께 물었습니다. 그랬더니 할머니께서는

"모기가 물은 자리가 남았다!"고 대답하셨습니다.

그 이후에도 저는 신앙 면에서 매형의 영향을 많이 받았습니다. 제가 왕지교회를 창립할 때에 개척교회 멤버로 참여하여 최선을 다하였고, 성전을 지을 때는 거금을 헌금하시고 직접 페인트를 칠하셨습니다. 누나는 집에서 먹을 것을 일일이 다 만들어 나르셨습니다. 심지어 자기 집에 심겨 있던 앵두나무를 비롯하여 값비싼 나무들을 모두 파내 교회마당에 심었습니다. 남달리 꽃을 좋아하는 누나였습니다. 그 후 4-5년 계시다가 5

✤ 장로 장립식때, 누나 양영자 권사님과 함께

✚ 롱 아일랜드에서 소아과병원을 운영중인 삼촌 반택용 장로님과 함께

년 전에 미국으로 떠나셨습니다. 믿음의 뿌리가 제대로 내린 가정들은 여러 면에서 축복을 받고 있는 것 같았습니다. 현재 반택용 장로는 미국에서 매우 큰 성서감리교회(김종일 담임목사)의 수석장로로 계십니다.

제가 집회 때문에 미국에 갔을 때에도 가족과 친지들의 끈끈한 사랑을 듬뿍 받았습니다. 제 간증을 듣고 고모부(반정삼 권사)께서 가장 많이 우셨습니다. 고모 역시 제가 평범하게 신앙생활을 하고 있나보다 생각했었는데 섬 사역을 한다는 것을 아시고 감동하셨습니다. 고모(반영자)는 약사로 일하시는데 야간근무를 마치고 귀가할 때 눈이 많이 내려(이곳에서는 계절상으로 봄이었지만 그곳에서는 빙설이 내렸음) 길이 몹시 미끄러웠습니다. 그런데도 제가 베이글을 좋아한다는 것을 아시고 그 먼데까지 가셔서 사오셨습니다. 정말 피가 물보다 진하다더니 하는 생각에 가슴이 뭉클했습니다. 저희 가족과 친지들을 이렇게 믿음 안에서 하나가 되게 하신 하나님의 은혜에 감격하지 않을 수가 없었습니다.

7
여장부 어머니

저희 어머니는 신사임당을 연상시키는 전형적인 한국의 어머니시면서 동시에 여장부의 면모를 갖추신 분이었습니다. 자식에 대한 사랑이 극진했던 탓인지 어머니께서 주사를 놓아주시면 다음 날은 즉시 낫곤 했습니다.

그 바쁘신 중에도 자녀들의 입맛에 맞추어 밥상을 차리셨습니다. 저희 4남매는 제각기 특성이 달랐습니다. 그런데도 각자가 좋아하는 것을 따로따로 준비해놓으셨습니다. 욕심이 있다면 그것은 무엇보다 자식 욕심이었습니다. 아버님을 먼저 떠나보내시고 더욱 엄하게 저희를 다스리셨습니다. 근검절약에 대해서도 얼마나 철저하게 교육을 시키셨던지 저희는 남들이 다 부자라고 해도 정작 당사자들은 부자인줄 몰랐습니다.

제가 아직도 안타깝게 생각하는 것은 자정이 되면 사이렌이 울리던 그 시절 어머니께서는 12시가 다되어 승주약방 문을 닫고 그 다음날 새벽 5시면 어김없이 일어나셨습니다. 약종상을 하시다 돌아가신 아버지 대신 모든 일을 떠맡으셨던 것입니다. 약방을 지키다보면 온종일 서계시다시피 해서 다리엔 주먹만한 군살덩이가 생기셨습니다. 그 군살을 보고 엉엉 울었던 적도 있습니다. 얼마나 딱딱하던지 손으로 눌러지지가 않을 정도였습니다.

　어머니께서 약방만 지키고 계셨던 것이 아닙니다. 사업도 도맡아하셨기 때문에 추석과 같은 명절이 되면 200여개가 넘는 거래처에 선물을 돌리셨습니다. 그 당시엔 '메이커' 라고 불렀던 제약회사 직원들이 내려오면 행여나 여관과 같은 일반 숙소에서 불편하게 지낼까봐 직접 숙소를 제공하셨습니다. 이 일을 위해 가정부를 네 명이나 두실 정도였습니다. 우리 집엔 식솔들이 끓일 날이 없었습니다. 그래서 장을 보시더라도 대량으로 구매하셨습니다. 생선을 사더라도 상자 채 사든지 아예 차떼기를 하실 정도였습니다. 어머니께서 대신 맡은 사업은 날로 번창하여 돈을 일일이 셀 수 없을 정도였습니다. 그 돈을 이불 밑에 깔아 놓고 잠을 잘 정도였습니다. 그 당시 저희 집만 담당하는 조흥은행 직원이 있었습니다. 파견 직원이 오면 하루 종일 돈을 세다가 갔습니다.

　어머니께서는 순천여고를 졸업한 학생들을 도와주셨습니다. 어머니는 스스로 일본어도 깨우치시고 영어도 배우셨습니다. 그리고 서울에 있는 명문대에 합격을 하고서도 돈이 없어서 쩔쩔매던 30여명의 많은 학생들에게 등록금을 대주시기도 했습니다. 그때 어머니의 도움으로 공부를 했던 사람들이 어머니의 소천 소식을 듣고 내려와 얼마나 엉엉 울었는지 모릅니다.

　당뇨 합병증이 심해져 시력까지 약해지셨을 때입니다. 이 무렵 어머니께서는 예수님을 영접하신 상태였는데, 그때 제가 예비군훈련을 받아야 했는데 몸이 아팠습니다. 그런데 누워계신 분이 제가 아프다는 말을 어떻게 들으시고는 십자가 앞에서 기도를 하시는 것이었습니다. 당신은 목숨이 오락가락 하시는데도 아들을 위해 "우리 셋째아들, 건강하게 해주십시오." 기도를 하셨습니다. 그 기도소리를 듣고 또 울었습니다.

어머니는 청렴하신 분이셨습니다. 아침마다 3형제를 함께 앉히시고 같이 식사를 하시면서 늘 당부하던 말씀은 어른들에게 건방떨지 말고, 부자입네 하고 건방떨지 말고, 항상 예의를 지키라는 것이었습니다. 제가 어쩌다 교도소에 갔을 때(자세한 내용은 '두부전도왕'에 실려 있음) 어머니께서 저를 위해 정한수를 떠놓고 매일 기도하신다는 말을 듣고 많이 울었습니다. 지금은 제가 간증 집을 쓰고 있지만 언젠가 "우리 어머니 양옥순"이라는 제목의 책을 꼭 쓰고 싶습니다.

어머니는 음식솜씨가 뛰어나셨습니다. 요리솜씨 뛰어난 어머니께서 장을 직접 담그시는 것은 지극히 당연한 일이었습니다. 그런데 지금도 존경스러운 것은 우리가 먹는 음식이나 이십 여명이 넘는 직원들이 먹는 음식이나 똑같았다는 것입니다. 직원들 음식도 어머니께서 직접 맛을 보신 뒤 맛이 없으면 국도 다시 끓이게 하셨습니다. 이러한 어머니께 감복한 직원들은 최소한 10년 이상 일을 했습니다. 그럼에도 불구하고 자식들 용돈에 있어서는 매우 인색하셨습니다. 지금은 오히려 이 점을 감사하고 있습니다. 그때 겁 없이 돈을 펑펑 쓰며 자랐다면 지금의 제 모습은 없었을 것입니다.

8
사랑도 배우는 것

구약시대엔 장자의 의미가 남달랐습니다. 그런데 우리 집에서도 마찬가지였던 것 같습니다. 큰 형님에 대한 어머니의 사랑은 정말 각별했습니다. 중앙대학교 약학대학을 졸업하신 큰 형님은 아버님이 돌아가신 뒤 집으로 내려오셨습니다. 큰형님이 내려오신다 하면 어머니께서는 일주일 전부터 곰국을 끓이셨습니다. 남편을 섬기던 정성 못지않게 장남을 챙기셨습니다. 이럴 때면 은근히 샘이 나기도 했습니다.

어머니께서는 며느리들을 딸처럼 대하셨습니다. 그러나 한없이 인자하시다가도 어쩌다 나무라실 때엔 눈물을 쭉쭉 흘리게 하셨습니다. 그래서 저희 집 며느리들은 남편에 대한 존경심과 대인관계에 있어서 어머님의 유산을 물려받은 셈입니다. 제 아내만 해도 남에게 나눠주기를 좋아합니다.

외갓집은 동천이 흐르고 있는 조곡동 장대에 위치하고 있었습니다. 저희 어머니께서 바로 그곳에서 태어나셨습니다. 외갓집이 어디냐 물으면 장대 후미끼리(철도건널목)를 막 지나 장대다리를 건너면 된다고 대답하곤 했습니다. 마을에서는 '양깍쟁이 손녀'로 불리었습니다. 어머니는 2남 2녀 가운데 막내였습니다. 어머니 역시 중앙초등학교를 다니셨는데 공부를 아주 잘하셨습니다.

　외갓집의 구호는 "내일 죽더라도 잘 먹고 잘 살자"였습니다. 지금 생각해도 웃음이 나오는 말입니다. 큰 외삼촌(양길성)은 말을 타고 다니셨고, 타이어 수리 점을 운영하셨습니다. 그리고 술도 아주 좋아하셨습니다. 둘째 삼촌(양대성)은 철도국에 다니셨는데 술을 매우 좋아했습니다. 제가 다섯 살 때부터 2년 동안 외가에서 지냈는데 외숙모께서 어머니 역할을 대신하셨습니다. 잘 때에는 외할머니 젖을 물고 잤습니다. 누나(양영자 권사)는 항상 저를 업고 다녔습니다. 그리고 제 덕에 커다란 알사탕과 바나나를 얻어먹곤 하셨습니다. 훗날 김창중 장로님이 말씀하셨습니다. 저는 교회 안에만 머물 사람이 아니라고요. 아마 전도 집회를 위해 전국 곳곳으로 더 나아가 해외로 나갈 것을 예견하신 듯 말입니다.

9
신령한 젖을 사모하라

제가 여섯 살 때의 일입니다. 순천 장대에 사시던 작은 외숙모님이 아들을 계속 기다리시다가 사십이 넘으셔서 예쁜 딸을 나셨습니다. 요즈음엔 초유가 아이에게 좋다는 것을 누구나 알고 있지만 그 당시엔 초유를 짜서 사발에 담아 굴뚝 옆에 뿌렸습니다. 그래야 애가 잘된다고 믿는 미신 때문인 것 같습니다. 작은 외숙모님께서 저를 불렀습니다.

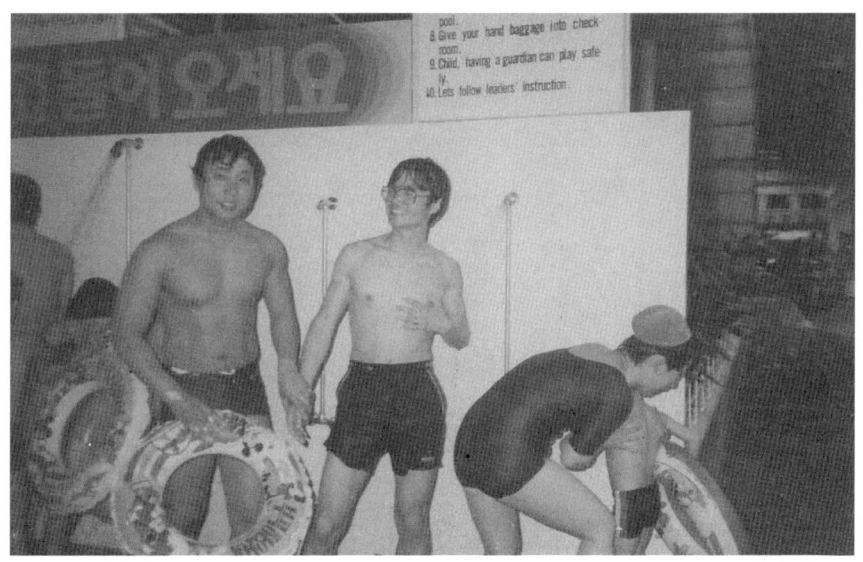

♣ 역도회장시절

"아가, 가서 이것 좀 붓고 오너라"

그런데 굴뚝까지 가려면 20미터 정도 걸어가야 했습니다. 막상 굴뚝 옆까지 갔더니 배는 고프고 아무도 보는 사람이 없었습니다. 그래서 그것을 꿀꺽꿀꺽 마셔버렸습니다. 다 마시고 났는데 외삼촌이 지나가시다가 저를 보셨는지 호통을 치셨습니다.

"에이 이놈아!"

그 말에 놀라 그만 들고 있던 빈 그릇을 깨뜨렸습니다. 그런데 이렇게 장로가 되고 전도 집회를 다니다보니 제가 어린 시절 외숙모의 젖을 마셔버린 것도 어떻게 보면 성경적인 행동이라는 농담을 하면서 웃음 짓곤 합니다. 베드로전서 2장 2절 말씀입니다. "갓난아기들 같이 순전하고 신령한 젖을 사모하라"

10
생명줄을 던지신 하나님

　순천 동천 옆에는 물레방아가 있었습니다. 그 옆엔 철도 관사가 있었던 것 같은데, 얼음이 얼면 형과 함께 썰매를 지치곤 했습니다. 그러나 그 얼음은 겉만 봐서는 안전한지 아닌지 구별하기가 힘듭니다. 그래서 요즈음도 겨울철이 되면 얼음이 깨져 물에 빠져 익사하는 사고가 일어나는 것을 봅니다. 그런 사고에 관한 뉴스를 접하면 안타까운 마음과 함께 저 또한 어린 시절 아찔했던 경험이 있었음을 떠올리곤 합니다.

　이곳 방언인 것 같은데 '고무얼음'이라는 것이 있습니다. 굳이 설명을 하자면 '완전히 얼지 않아서 들어갔다 나왔다' 하는 빙판을 뜻합니다. 저의 작은 형(반봉영)은 어릴 때부터 유난히 개구쟁이 짓을 많이 했습니다. 제 기억에도 어른들이 '하지 말라' 하는 것은 기어코 했던 것 같습니다. 그러나 그러한 형과 어울려 노는 재미는 이루 말할 수 없습니다. 스릴감이 있어서 그랬었을 수도 있었던 것 같습니다.

　어느 날이었습니다. 고무얼음이 깨지면서 작은 형이 물속에 빠졌습니다. 저 만치엔 성광이 삼촌이 바라보고 있었습니다. 그런데 함께 놀던 큰형이 작은 형을 살리겠다는 마음으로 "봉영아!" 하더니 달려갔습니다. 그런데 큰형까지 빠져들고 있었습니다. 저 또한 형들이 죽을지도 모른다는

❖ 어머니 산소앞에서의 가족사진

생각에 큰형을 잡아당기기 시작했습니다. 그런데 저편에 서 있던 삼촌은 바라만 보고 있는 것이었습니다. 아마 몸무게로 인해 가까이 가면 더 위험하리라 생각했을 것입니다. 천신만고 끝에 저희 형제는 무사히 물 밖으로 빠져나왔고 그 순간 얼음이 우두둑 소리를 내며 깨졌습니다. 지금 생각하니 기적적으로 살아났던 것 같습니다. 하나님께서 보이지 않는 천사를 시켜 생명줄을 던져주셨던 것이 분명합니다.

　이제 살았다는 생각으로 처음엔 추운 것도 느껴지지가 않았습니다. 작은 형도 정신이 들었던지 춥다고 이빨을 맞부딪히며 떨고 있었습니다. 저는 얼른 옷을 벗어 작은 형에게 주고 내복바람으로 떨기 시작했습니다. 작은형이 먼저 자전거를 타고 집으로 가겠다고 했습니다. 자전거 하나에 3형제가 모두 탈 수는 없었기 때문입니다. 그 당시 저는 초등학교 1

학년, 작은 형이 3학년, 큰 형이 5학년이었던 것 같습니다. 그런데 입을 것이라도 가지고 오겠거니 기다렸던 작은 형은 눈이 빠지게 기다려도 다시 오질 않았습니다. 할 수 없이 저랑 큰 형은 20킬로미터가 넘는 길을 걸어서 집에 돌아왔습니다.

그런데 이게 웬일입니까? 집에 와보니 작은 형이 쿨쿨 자고 있는 것이 아니겠습니까? 배신자라는 생각이 들었지만 철이 들고나니 얼마나 놀라고 피곤했으면 곯아 떨어졌을까 생각하고 저희가 목숨을 건진 것만 해도 감사가 넘칩니다. 그 후에도 작은 형은 죽을 고비를 두 번이나 넘겼습니다. 제 기억으로는 낚시터에서 빠져 큰일 날 뻔 했던 것 같습니다. 지금도 저희 형제가 모이면 그 당시 이야기를 하면서 큰 소리로 웃음을 터뜨리곤 합니다. 그리고 동생을 살리겠다고 앞뒤를 안 가리고 뛰어드는 큰 형님은 역시 맏이답다는 생각을 합니다.

전도를 하다보면 이따금 구원받지 못한 사람들의 모습에서 물에 빠져 허우적대는 아찔한 모습을 그리게 됩니다. 조금도 지체하지 않고 즉시 건져내야만 살릴 수 있기 때문입니다. 다행이 함께 빠지면 어쩌나 하는 걱정은 하지 않아도 됩니다. 제 뒤엔 늘 든든한 예수님이 서서 함께 손을 뻗치고 계시기 때문입니다.

11
내가 만난 최초의 전도자

저도 좀 컸다는 생각으로 집안일을 돕고 싶었습니다. 그래서 말을 끌고 풀을 먹인다거나 벼를 자른다고 낫을 들기도 했습니다. 그런데 아직 어린 애라 그런지 말도 저를 우습게 여겼던 것 같습니다. 제가 말을 끌고 가는 것이 아니라 말이 저를 끌고 가는 바람에 혼쭐이 난 적이 한두 번이 아닙니다.

저 또한 어른들이 하지 말라고 하시는 것은 어찌나 하고 싶던지 외할머니께서 그렇게 말리시는 데도 들은 척을 안 하고 낫으로 벼를 자르다가 다리를 다치고 말았습니다. 지금도 오른쪽 다리에 흉터가 있는데 그 흉터를 볼 때마다 고집스런 제 자신을 돌아봅니다. 다행히 하나님께서는 이러한 고집을 선하게 인도하셔서 복음을 전하는 열정으로 또 리더십으로 바꾸어 주셨으니 이 또한 감사드리지 않을 수 없습니다.

할머니께서는 몸이 약하신 편이셨습니다. 워낙 곱게 자라시다 보니 농사일이나 집안 일이 힘에 부치셨던 것 같습니다. 연세가 드시자 몸이 더욱 허해지셨습니다. 식구들은 할머니 부종에 좋다는 것들은 모두 해드렸습니다. 그 가운데 가장 기억에 남는 것이 개구리였습니다. 외숙모는 동네사람들이 잡은 개구리를 사가지고 오셔서 푹푹 고았습니다. 그리고 할

❖ 전도대상 시상식때 장인 최기환 집사님과 함께

머니께서 고기를 찾으시면 얼른 그것을 가져다 드렸습니다. 고깃국을 드시면서도 느낌이 이상했던지 할머니께서 물으셨습니다.

"오리고기는 어디 있냐? 왜 고기 점들이 보이질 않아?"

그러면 외숙모는 너무 고아서 녹아져버렸다고 답하시고는 할머니 눈치를 조심스럽게 살피곤 하셨습니다. 그런데 살아있는 개구리들을 가마솥에 넣어야 하기 때문에 어떤 때에는 부엌에서 개구리 소리가 들릴 때가 있습니다. 할머니께서는 귀가 약간 어두워지셨는데도 웬 개구리 소리가 부엌에서 들린다고 말씀하셨습니다. 그러면 식구들은 개구리가 왜 부엌에 있겠느냐고 정색을 하면서 아마 오리가 꽥꽥거리는 소리를 잘못 들으셨나보다고 둘러댔습니다. 저는 이따금 제가 원하는 것이 관철되지 않을 때에는 "할머니께 개구리라고 말씀드릴 거야!" 하면서 협박을 했던 것 같습니다. 그런데 어느 날 할머니께서도 그동안 드셨던 것이 개구리라는 것을 아셨고, 물론 즉시 기절하셨습니다.

지금은 환경이 많이 오염되어 다음 세대들은 과연 어떻게 살아갈지 걱정이나 제 어린 시절은 고드름이나 얼음도 얼마나 깨끗했던지 펄펄 끓는 가마솥의 물에 그 얼음들을 툭툭 던져 넣어 세수도 하고 머리도 감았습니다. 외갓집에서 저는 완전히 왕자님 대접을 받았습니다. 그러니 늘 내가 최고라는 착각과 또 최고가 아니면 안 된다는 생각이 굳어지기도 했습니다.

어느 날 외숙모 치마폭에서 귀여움을 받고 있었는데 웬 아주머니가 대문 안으로 들어섰습니다. 제 어린 눈에도 그 아주머니의 행색은 초라해 보였습니다. 그런데 그분의 인자한 미소는 아직도 제 머릿속에서 떠나지 않고 생생합니다. 그분은 외숙모에게 복음을 전하기 위해 오신 분이었습니다. 외숙모가 받아들이질 않아도 지속적으로 찾아와서 복음을 전했습니다. 제 눈에는 그 아주머니가 외숙모를 괴롭히는 것으로 보여 "왜 우리 외숙모를 못살게 굴어요?" 하며 대들기도 했습니다. 그러면 그 아주머니는 조금도 화를 내지 않으시고 웃기만 하셨습니다. 복음은 거절해도 마음이 여린 외숙모께서 뭔가 챙겨주려고 하시면 괜찮다며 달아나듯 대문을 빠져 나가셨습니다. 당시 그분 댁이 매우 가난하다는 말을 들었습니다. 그 아주머니를 통해 저희 외갓집이 처음 복음을 들었던 것 같습니다. 철부지 때의 행동이지만 지금도 미안하고 가슴이 아픕니다.

12
하나님 마음이 부모의 마음

"내 아들아 네 아비의 훈계를 들으며 네 어미의 법을 떠나지 말라"(잠언 1:8)

요즈음 부모들은 자녀들에게 공부를 잘해라 그래야 돈 많이 벌고 훌륭한 사람이 된다고 가르칩니다. 하지만 신앙생활 잘해라 교회 예배 빠지지 말라고 말하는 분은 점차 줄어들고 있는 것 같습니다. 하지만 잠시 생각해보십시오. 돈이 있고, 명예가 있고, 권력이 있다고 행복할까요? 그렇다면 얼마 전 미국 땅에서 자살한 모 재벌 딸은 이러한 것들이 없어서 스스로 목숨을 끊었을까요? 사실 모든 것을 가진 듯해도 가장 중요한 한 가지 즉 예수님을 영접하지 않았기 때문에 눈만 감으면 모든 갈등에서 벗어날 것이라고 속단한 것입니다.

제가 어머니로부터 근검절약하는 생활과 나누고 베푸는 삶을 배운 것 같이 제 아들 웅철이도 하나님께 순종하고 어려운 이웃을 도와주는 삶을 살았으면 좋겠다는 생각을 늘 하고 있습니다. 다행히 아들 녀석이 어려운 사람을 보고 긍휼히 여기고 도와주고 싶어 하는 마음은 만족스러운데 이따금 고집을 부리며 제게 대들 때엔 어린 시절 저를 보는 것 같습니다.

웅철이가 6살 때였던 것 같습니다. 그 때만 해도 웅철이는 아버지를 최고로 여겼던 것 같습니다. 제 자신도 예수님을 믿은 지 얼마 되지 않았을 때에 여수 돌산에 있는 갈릴리교회로 가족들이 여름휴가차 가게 되었습니다. 웅철이를 데리고 갔습니다. 그리고 교회에서 나와 웅철이와 함께 바닷가에서 텐트를 치고 잠을 잔 적이 있습니다. 바닷바람이 텐트를 펄럭이자 제가 "바람 불어도 괜찮아요. 괜찮아요 괜찮아요……"하는 주일학교 복음성가를 불렀습니다. 그랬더니 웅철이가 걱정스러운 눈으로 제 얼굴을 빤히 쳐다보면서 "아빠가 정말 무서운가봐."라고 말했던 기억이 납니다.

그 후 아버지로서의 권위도 지키고 웅철이의 신앙교육도 제대로 시키고자 애를 많이 썼습니다. 그런데 이 녀석이 조금 컸을 때 매를 들지 않고는 못 견딜 상황이 발생했습니다. 웅철이가 초등학생시절 아마도 추수감사절이었던 것 같습니다. 그 당시 제가 순천중앙교회를 짓고 있을 무렵이었습니다. 추수감사절 행사로 가족찬양대회가 있었습니다. 저도 아내와 아들을 데리고 나가 찬양을 하고 싶었습니다. 그러나 아내는 약국을 지키느라 오질 못했고, 그렇다고 멀뚱멀뚱 앉아있기도 그렇고 해서 웅철이와 함께 나가면 되겠다고 생각을 했습니다. 홍 목사님께서도 웅철이랑 아빠랑 같이 나오라고 말씀하셨습니다. 마침 웅철이가 피아노를 배우고 있었으니 저는 하모니카를 불고 함께 '글로리아'를 연주하고 싶었던 것입니다. 그런데 이 녀석이 돌연 거절하는 것이었습니다.

"아빠, 난 안 나가요!"

다른 때에는 늘 내 말에 순종을 하던 녀석이 갑자기 왜 저럴까 의아해 하면서도 화가 벌써 치밀기 시작했습니다. 그래서 이렇게 호통 쳤습니다.

"웅철아, 내가 네게 피아노를 가르친 것은 하나님께 음악을 통해 영광을 돌리라는 뜻인데 오늘 같은 날 얼마나 기회가 좋으냐? 그런데 안 나간다니 무슨 말이야?"

그래도 아들 녀석은 막무가내였습니다. 저도 협박을 했습니다.

"너 그런 식으로 하면 미국이고 뭐가 다 날아간 줄 알아!"(얼마 후 웅철이를 데리고 미국에 가기로 했었습니다.)

그 말에 녀석도 뿔이 났던지

"아빠, 아빠가 절 때린다고 해도 전 안 나가요." 하며 버텼습니다.

순간 제 머리 속에 갈등이 일었습니다. 녀석을 즉시 데리고 나가 혼쭐을 내줄 것인가 아니면 화를 감추고 그냥 넘어갈 것인가? 데리고 나가 혼을 내주면 '꼴좋다! 그래 권사라는 자가 예배 시간에 애를 끌고 나가?' 라고 사단이 조롱할 것 같았습니다. 저는 속으로 짧게 기도했습니다.

"하나님, 지금 제가 어떻게 하는 것이 좋겠습니까?"

그러자 예배라는 형식이 중요한 것이 아니라 삶 자체가 예배라는 생각이 나면서 자식을 바로 잡는 것도 예배라는 단호함이 생겼습니다.

"어 아까 매로 때려도 안 나간다고 했지? 내가 언제 너를 때린다고 했던? 정말 한번 맞아보겠니?"

근처에서 몽둥이를 집어 들고 때렸습니다. 제가 헌병대 출신이라 요령껏 때리는 법을 알고 있었습니다. 그런데 워낙 덩치도 좋은 놈이지만 잘못했다는 말을 하질 않는 것이었습니다.

"그래, 너 오늘 죽어봐라."

하면서 두 대를 더 때렸습니다. 이번엔 가리지 않고 세게 때렸지요. 그제서 잘못했다고 비는 것이었습니다.

그날 광영 집까지 오는 길에 서로 한 마디도 하지 않았습니다. 그런데 집 근처에 이르자 웅철이가 제 손을 잡으며 잘못했다고 했습니다. 저도 아들 손을 잡으며

"그래, 이 아빠도 잘못했다. 그러나 너도 맞아 아프겠지만 때린 나는 더 아프다. 남자들이 군에서 총을 쏘는 훈련을 하는데 막상 전쟁터에서 총만 들고 쏘지 못하면 어떻게 되겠니? 마찬가지로 너도 피아노를 배운 목적이 분명한데 하나님의 영광을 위해 사용하라는 데 안하면 무슨 의미가 있겠니?"

이것이 내가 아들에게 매를 든 최초이자 마지막이 되었습니다.

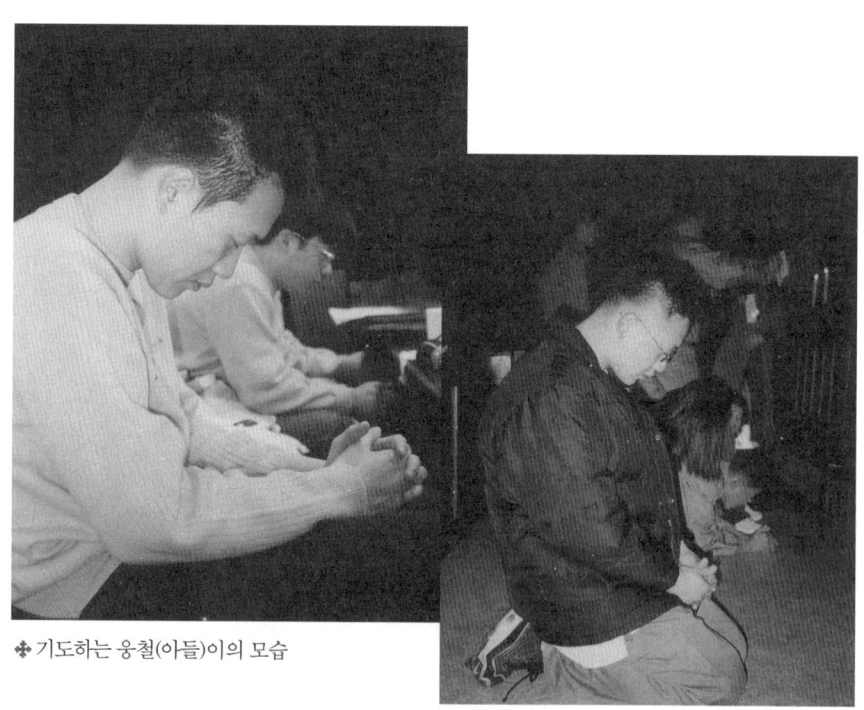

✤ 기도하는 웅철(아들)이의 모습

13
삶의 우선순위를 가르치라

제 아들 웅철이가 순천고등학교를 다닐 때의 일입니다. 장로 아들이고 목사님 아들이고 주일성수하기가 힘들었습니다. 입시와 자율학습 .보충수업 등으로 아이들은 주일에도 학교를 가야했습니다. 제가 담임선생님을 찾아갔습니다. 저희 애는 주일에 학교 갈 수 없다고. 말씀드렸습니다. 덕분에 웅철이는 고등학교를 졸업할 때까지 주일성수를 할 수 있었습니다. 나중에 선생님께서 그러시더랍니다.

"너희 아버지는 목사도 아니면서 왜 그리 열성이시냐?"

저는 오히려 그 말이 자랑스러웠습니다. 내 아들이 대학을 가고 안가고, 그 인생을 인도하시는 분은 하나님이시라는 것을 믿고 있었으며, 웅철이 역시 그 사실을 깨닫는 것이야말로 가장 큰 성공이기 때문입니다.

지금도 생각하면 잘했다 싶은 것은 제가 고등학교를 다니는 3년 동안 웅철이 도시락을 싸주었다는 것입니다. 웅철이가 고3이 되자 집에서 나가는 시간이 새벽 6시 30분이었고, 귀가시간은 밤 12시 30분이었습니다. 그래서 새벽에는 제가 데려다 주고, 밤에는 아내가 데리러 가기로 역할을 분담했었습니다. 아내도 밤늦게까지 약국을 지키기 때문에 아침에는 피곤해하므로 제가 새벽기도를 마치고 돌아와 도시락을 싼 것입니다. 새벽에 웅철이 방에 들어가 보면 세상모르고 자는 모습을 보고 안쓰러워 1분이라도 더 재우고 싶다는 마음이 들곤 했습니다. 아마 저희 어머니도 저와 같은 마음이셨겠구나 하는 생각이 들었습니다.

4년 전 웅철이가 캐나다에 있는 에드먼턴 주립 대학에서 공부를 하고 있었습니다. 그곳은 눈이 아주 많이 내리는 곳이었습니다. 1년에 6개월 정도는 눈이 내리는 곳입니다. 마침 웅철이 이모부(최병철)가 캠브리지 물리학과 전임강사로 있다가 에드먼턴 앞에 있는 섬 빅토리아 주립대학으로 옮겼습니다. 이모 역시 의상학 쪽의 전문 학위 소지자였습니다. 그래서 마음 놓고 유학을 보낸 것입니다.

그런데 어느 날 웅철이와 통화를 하는데 부정적인 말을 하는 것이었습니다. 몸도 건강하고 사교성도 좋고 외국생활에 적응도 잘하는 아이가 웬일인가 심히 걱정이 되었습니다. 자기는 동양인이기 때문에 아무리 열심히 공부해도 눈에 보이지 않는 어떤 한계가 있을 것이라고 했습니다. 그래서 이왕이면 중국 쪽으로 가서 공부하는 것이 더 나을 것 같다는 것이었습니다. 그러면서 김치가 먹고 싶다는 말을 했습니다. 외국에서도 김치 먹는 것이 그리 어려운 일은 아니나 웅철이가 있는 곳엔 한국인들이 별로 없어서 김치 먹는 데 어려움이 있었나봅니

✤ 청하대 합격한 웅철(가운데)과 함께

다. 그 말을 듣자마자 김치를 가지고 밴쿠버로 달려갔습니다. 총각김치, 물김치, 백김치, 김장김치 온갖 김치를 챙겨서 가지고 갔습니다.

그 후 아들은 자기가 알아서 진로를 결정하고 혼자 중국으로 갔습니다. 저는 아들의 미래를 하나님께 맡긴지 오래고, 또 아들을 믿었기 때문에 알아서 할 것이라는 확신이 있었습니다. 웅철이는 중국 시안으로 갔습니다. 그곳도 한국인이 드문 곳이었습니다. 이왕이면 한국인이 많은 곳을 택하지 그랬느냐고 했더니 혼자 떨어져야 공부에 집중할 수 있다는 것이었습니다. 중국대학에 입학하기 위해서 먼저 중국 토플공부를 시작했던 것 같습니다.

어느 날 전도를 마치고 몸도 마음도 지친 상태로 돌아왔습니다. 그 날은 아무도 전도를 못했고, 유난히 문전박대도 많이 당했습니다. 그런데 전화가 왔습니다. 아들 웅철이였습니다.

"아빠! 아빠!"

웅철이의 목소리가 들떠있었습니다. 저는 아들의 목소리만 들어도 힘이 났습니다. 그런데 웅철이가 이렇게 말하는 것이었습니다.

"아빠 저 청화대에 합격했어요! 하나님이 저를 합격시켜 주셨어요!"

그 넓디넓은 중국 땅에 대학도 많을 것이고 그저 지원만 하면 들어가겠거니 했었는데 알고 보니 아들이 들어간 청화대는 '동양의 하버드대'로 불리는 곳으로 특히 일본 학생들이 입학하려고 발버둥치는 곳이었습니다. 특히 공대의 경우 외국인은 2-3명 정도 밖에 합격을 못하는데 아들이 합격한 것입니다. 아들은 아버지가 자랑스럽다는 말로 전화 통화를 마쳤습니다. 하나님의 놀라운 섭리에 감사를 드렸습니다.

14
아내의 눈물

제가 예수를 믿기 전에는 하룻저녁 술값만으로도 몇 백만 원을 우습게 썼습니다. 그러나 지금은 단 돈 몇 만원도 내 자신을 위해 쓰는 것이 아깝게 생각됩니다. 어떤 때에는 죄악으로까지 생각됩니다. 이러한 변화는 저에게만 국한된 것이 아닙니다. 원래 알뜰살뜰했던 제 아내 역시 어디서 그렇게 싼 옷을 사 입는지 이따금 보면 '너덜너덜' 한 느낌마저 들 정도입니다.

그러나 저희 식구들의 근검절약이 돈 자체를 아끼기 위한 구두쇠생활로 끝이 난다면 그것이 오히려 비극이라고 생각합니다. 그러나 주님이 원하시는 일에는 몇 백만 원 몇 천만 원도 아깝다는 생각이 전혀 들지 않으니 제가 언제 이렇게 변했는지 제 자신도 놀랄 때가 많습니다.

빈손으로 세상에 온 것이 분명하고 제가 세상을 떠날 때 역시 빈손으로 갈 텐데 내가 소유하고 누리는 것 가운데 그 어느 것 하나 주께서 주시지 않은 것이 있겠습니까? 제일 소중한 가족을 주신 것만 해도 감사가 넘칩니다.

그런데 이 물욕을 초월한 줄 알았던 아내가 눈물을 보인 사건이 있습니다. 어느 장로님께서 목청이라는 꿀 한통을 선물하셨습니다. 그 꿀을 보

❖ 설악산에서 가족과 함께

고 아내가 자기가 먹겠다고 했고, 저도 그러라고 말했습니다. 웬일인지 아내는 꿀을 맛있게 먹었습니다.

그런데 그 무렵 길벗교회 김용태 목사님이 편도가 심해 말을 잘 못할 정도로 목이 부으셨다고 했습니다. 그런데 꿀을 먹으면 좋다는 말을 들었습니다. 저는 아내가 먹고 있는 꿀을 일언반구도 없이 냉큼 가져다가 김 목사님께 드렸습니다. 그리고 그 일을 아예 잊다시피 했습니다. 그런데 한 밤중에 누군가 우는 소리가 들렸습니다. 바로 제 집사람이었습니다.

"어쩌다 꿀 한번 먹어보려했는데 그것마저 갖다 주다니!"

아내에게 미안한 마음이 한꺼번에 밀려왔습니다. 그날 저도 아내와 함께 울었습니다.

I. 지금까지 지내온 것

아들 웅철이는 고맙게도 이래라저래라 별도의 훈계가 없이도 은연중 검소한 생활이 몸에 뱄습니다. 긍휼히 여기는 마음은 저희 부부보다 더 했습니다. 특히 지체장애자들을 대하는 마음이 각별합니다. 이러한 마음은 친척친지들에게도 전염이 되었는지 저희 처제 역시 장애인에 대한 편견이 없이 평등하게 대합니다. 그 집에 하루걸러 오시는 파출부 아주머니가 계시는데 다른 집에서는 부담스러워 했지만 처제는 흔쾌히 그 아주머니를 맞이했습니다. 제 차를 운전하시는 기사님도 장애가 있습니다. 오른쪽 다리가 심히 불편했습니다.

눈으로 확인할 수 있는 장애는 본인에겐 불편하고 다른 사람들에게는 편견을 불러일으킬 때가 많으나 정말 안타까운 것은 영적 장애입니다. 영적장애는 성령의 도우심이 없이는 인정하기 힘들기 때문에 하나님의 마음을 안타깝게 합니다. 저 역시 아직은 하나님 앞에 온전한 모습이 아니지만 주님과 동행하면서, 주님의 복음을 전하면서, 날마다 새로워지고 온전해지길 소망합니다.

15
사랑하는 내 친구들

'원생아돌돼막'

이게 무슨 말인지 아십니까? 주문 같기도 하고 암호 같기도 하지만 사실은 제 친구들 모임 이름입니다. 즉흥적으로 정해진 이름이긴 하나 우리끼리만 고개를 끄덕일만한 사연이 담겨있습니다. '원' 원숭이, '생' 생쥐, '아' 아깝다, '돌' 돌대가리, '돼' 돼지, '막' 막둥이의 첫 자를 딴 것입니다. 이해가 잘 안가는 단어에 대한 풀이를 해보겠습니다. 이 가운데 연대 상대에 차석으로 입학해서 차석으로 졸업을 한 친구가 있습니다. 그런데 현실적으로 그 실력을 제대로 발휘하지 못해서 저희 친구들이 '아깝다'는 별명을 지어주었습니다. '돌대가리'라는 별명이 붙은 친구는 머리가 나쁜 것이 아니라 언젠가 지프차에 머리를 부딪쳤는데 사람은 멀쩡하고 차가 찌그러진 적이 있습니다. 이 친구들 모두가 저와 마찬가지로 예수님을 알지 못했습니다. 그러나 지금은 모두 예수님을 영접했습니다. 안타깝게도 먼저 하늘나라로 간 친구도 있습니다. 그 친구 이름은 윤병태인데 간암으로 몇 년 전에 세상을 떠났습니다. 사실 그 친구는 예수님을 영접한 뒤에도 생활은 크게 변하지 않아서 안타깝게 생각하곤 했습니다. 얼마나 호탕하고 용감한지 공수부대에 자원한 친구입니다. 그런

✤ 사랑하는 친구 이호용과 김경동

데 그 친구가 임종을 앞두고는 자신의 삶을 후회하면서 제게 임종예배를 부탁했습니다. 친구를 먼저 떠나보내는 마음이 아팠지만 그래도 언젠가는 모두 한 곳에서 만날 것이라는 소망이 있어서 다행이었습니다. 저는 그 친구에게 시편 23편을 읽어주었습니다.

제 친구들이 예수님을 영접하게 된 동기들도 모두 달랐습니다. 그 가운데 '일요신문' 부국장으로 있는 김원준이라는 친구가 있습니다. 이 친구는 기독교와는 아주 거리가 멀었습니다. 취재를 다녀도 주로 절을 찾았습니다. 그런데 그 친구가 몇 년 전 제가 흑산도 예리교회에서 전도 집회를 할 때 가만히 앉아 듣고 있다가 성령의 감동을 받아 영접을 하게 됐습니다. 그런데도 삶의 큰 변화가 없다가 손목수술 시 의료사고로 골수염으로 발전하게 되자 변화하였습니다.

"고난 당한 것이 내게 유익이라 이로 말미암아 내가 주의 율례들을 배우게 되었나이다"(시 119:71)

하나님, 제게 이렇게 좋은 친구들을 주셔서 감사합니다. 그리고 최근에 가장 감사하고 싶은 친구는 이호용입니다. 호용이는 천주교 신자이며, 서강대 수학과를 졸업한 후 현재 천주교신자이며 홍익여자고등학교 수학교사로 재직하고 있습니다. 호용이가 '두부 전도왕'을 읽고 인터넷으로 올린 글입니다.(2006년 7월 1일 토요일)

글 쓰는 재주가 없어 힘들더군요.
하지만 글 쓰는 재주보다는 진실이 더 중요하다고 생각하며 썼습니다.
봉혁이가 내 친구라는 것이 정말 자랑스럽고 행복합니다.

두부 전도왕을 읽고…….

저는 반 장로와 초등학교부터 실과 바늘처럼 항상 같이 있었던 죽마고우입니다. 초등학교 때 날계란을 골목길에 앉아 쭉쭉 빨아 먹었던 기억서부터 대학시절 양주가 있다면서 굳이 집으로 데려가 같이 마시는 등 먹을 것만 있으면 나를 챙겼던 기억들, 중학교 때는 호사스런 집을 두고 굳이 자취를 하자면서 방을 얻어 한 달 남짓 자취를 하면서 희희낙락 했던 기억, 그러다 반 장로는 고등학교를 서울로 진학을 했던 터라 방학 때만 잠시 볼 수 있다가, 대학생이 되고부터는 청파동 반 장로 집에서 살다시피 하면서 대학시절의 대부분을 보냈던 기억, 군대 시절 휴가를 와서는 부대 복귀하는 날 부대 앞까지 같이 가서야 헤어졌던 기억, 농장을 하면서는 갑자기 집으로 뛰어와서 밥 상 앞에 앉아 밥을 한 숟갈 뜨려는 순간 농장에 소가 새끼 낳는다는 연락이 왔다면서 끌고 갔던 기억, 반 장로는 나보다 이틀 앞서 결혼을 했고 신혼여행을 떠났었는데 2일 후 저희 결혼식에 느닷없이 나타나 많은 사람을 깜짝 놀라게 했던 기억, 이 외에도 같이 지냈던 기억들을 떠올리면 책 한 권이 부족할 정도일 겁니다. 이렇듯 우리는 같이 있는 것만으로도 충분히 즐겁고 행복했습니다. 그러던 어느 날 친구들로부터 "그렇게 놀기 좋아하던 봉혁이가 교회에 완전히 미쳐버렸다."는 말을 들었고. 그로부터 얼마 후 반 장로(그 당시 집사)가 서울에 와서 저희 집에 이틀정도 묵으면서 예수님을 영접한 과정 얘기를 들었습니다. 하지만 반 장로 얘기를 듣고도 믿기지 않았습니다. 저는 딱딱하고 고집 센 반 장로의 속마음 하나하나를 너무도 잘 알고 있다고 생각했기 때문에 믿기지 않았습니다. 무엇이 이 친구를 이렇게 다른 사람으로 바꿔놓을 수 있었단 말인가? 이상하다는 생각만 들었습니다. 그렇다고 이 친구가 거짓말 할 사람은 절대 아닌데……. 맘에 없는 말은 절대 못하는 성격인데……. 더군다나 나한테는 절대 거짓말뿐만 아니라 조금도 숨기는 것이 없는데…….

그렇게 세월이 흐르는 동안 가끔 얼굴 한 번 보고 가끔 전화 연락하고 지냈습니다. 그런데 6월 어느 날 반 장로로부터 자신이 집필한 '두부 전도왕'을 소개 받고 비가 주룩주룩 내리는 날 광화문에 있는 기독교서점에 가서 이 책을 손에 들었습니다. 다 팔리고 딱 한 권 남아있더군요. 책을 들고 있는 것이 아니라 친구의 손을 붙잡고 있는 듯 했습니다. 발걸음을 재촉하여 집으로 돌아와 대충 닦고 책을 읽기 시작했습니다. 책을 읽는 동안 가슴이 찡하게 아파오기도 하고 웃음이 나기도 하면서 옛 추억이 생생하게 되살아났습니다. 그러면서 반 장로가 예수님을 영접하셨음을 믿게 됐습니다. 이 책을 읽으면서 떠올랐던 기억들은 이렇습니다. 반 장로는 예수님을 영접하기 전에 당뇨로 누워계시는 어머님 옆에서 꿇어 기도드리기를 "하나님 우리 어머니 병을 낫게 해 주세요. 저도 내일부터 열심히 교회 나가겠습니다."라고 기도드렸는데 곧 잊어버리고 일상생활을 했다고 합니다. 그런데 이 책에는 반 장로가 그 작은 교회에서 별 생각 없이 철야 기도를 드리다가 자신도 알 수 없는 어떤 힘에 의해 회개를 하면서 예수님을 영접했다는 간증이 나옵니다. 이것은 반 장로의 큰 효심이 예수님을 영접하게 된 근원이라 생각됩니다. 만약 반 장로님의 효심이 별로 크지 않았다면 어머님의 쾌유를 위한 기도를 드리지 않았을 것입니다. 결국 그의 큰 효심이 어머니를 위한 기도로 신앙의 씨앗을 뿌렸으며 그 씨앗이 자라 예수님을 영접하게 된 것입니다. 그리고 예수님을 영접한 다음에 또 다시 어머니의 영혼을 구원하기위해 3일간 금식 행군 기도를 하는 효심에 감동하신 어머께서 다시 예수님을 영접하시고 구원을 받으셨습니다. 결국 반 장로의 지극한 효심이 본인과 어머니를 모두 구원 받게 한 것입니다. 예수님께서는 반 장로의 큰 효심을 도구로 사용하신 것입니다. 이와 비슷한 일을 경험하신 분은 저의 누님이십니다. 누님의 아들이 신경정신과 질환을 앓고 있었을 때 어느 날 그 조카가 성당을 가고 싶다고 해서 성당을 데려갔더니 그렇게 편안해 하더랍니다. 그것을 계기로 불교 신자였던 누님과 조카는 천주교 신자가 되어 예수님을 만나게 되었습니다. 결국 아들의 질병을 통해 어머니와 아들이 구원을 받을 수 있도록 성령께서 인도하신 것입니다.

   반 장로가 전도왕이 된 것은 사사로운 목적이 없이 예수님께서 인도하시는 대로 전도하기 때문이라고 믿어집니다. 반 장로는 예수님을 영접하기 전에도 아주 인정이 많아서 주변에 딱한 처지에 있는 사람을 보면 정성을 다해 도와주었습니다. 반 장로는 대학시절에 친구가 마땅히 생활 근거를 마련하지 못하고 있는 것을 보고 자동차 학원에 등록을 시켜주고 운전면허를 받게 해서 생활 근거를 마련해주는 등 누구든지 주변에 어려운 사정이 있는 사람은 따뜻하게 맞이하고 도와주었습니다. 하지만 아무리 인정이 많다하나 지금의 반 장로를 보면 사람의 인정만으로는 이렇게 까지 할 수는 없다는 생각이 듭니다. 이것은 분명 예수님의 인도하심으로 인하여 이뤄지는 일이라 믿어집니다.

이 책을 읽고 예수님께서는 반 장로를 도구로 사용하시기로 하신 것은 반 장로의 지극한 효심과 사랑 가득한 인정이 있었기 때문이라는 생각을 했습니다. 반 장로의 효심을 통해 예수님을 영접하게 하시고 반 장로의 인정을 통해 전도를 하게 하셨다는 것을 믿게 됐습니다. 전도를 하기 위해 어떤 것을 베풀더라도 진심이 담겨 있지 않으면 감동을 줄 수 없으므로 전도가 안 됩니다. 하지만 반 장로는 천성이 인정이 많기 때문에 인정을 베푸는 것에 항상 진심이 담겨 있어 사람들에게 감동을 줍니다. 그래서 전도가 된다는 것을 알게 됐습니다. 우리도 하나님의 도구로 선택되어 하나님 말씀을 전파하는 사람이 되려면 하나님의 도구로 선택될 어떤 것을 키워야겠다는 생각을 했습니다. '하나님의 도구로 선택될 어떤 것들이 무엇일까? 아마도 다른 사람을 감동시킬 수 있는 그 어떤 것, 반 장로의 효심과 인정, 용서하는 마음, 이웃을 사랑하는 마음, 욕심을 버리는 일, 시기 질투 하지 않는 것이 아닐까?

호용이가 윗글에서 언급했던 친구("마땅히 생활 근거를 마련하지 못하고 있는 것을 보고 자동차 학원에 등록을 시켜주고 운전면허를 받게 해서 생활 근거를 마련……")가 갑자기 그리워집니다. 그 친구 이름은 장순모. 가슴이 아프게도 지금은 이 세상 사람이 아닙니다. 24년 전 동창인 순모는 가정형편이 어려워 안타깝게도 중학교만 졸업하고 사회에 뛰어들어야 했습니다. 순모는 정말 얼굴이 잘 생겼습니다. 그 당시 예수님을 몰랐기에 세상에 푹 빠져 어울려 놀았습니다. 군대를 제대하고 나서 살아갈 길이 막막했던 순모는 이런저런 일을 하다가 다방을 경영하기도 했습니다. 어린 나이에 인생의 쓴맛단맛을 다 경험한 순모는 가끔 우리보다 어른스러울 때가 많았으며, 의리도 끝내주었습니다. 결혼을 일찍 한 편이라 제가 군대생활을 할 때 순모의 결혼식에 참석했습니다.

한 때 제가 자취생활을 하던 청파동 집에 같이 거주한 적이 있습니다. 취직을 하려해도 학력이 미흡하여 쉽지가 않았습니다. 그 무렵 콜리종 개를 사려고 돈을 모으고 있었습니다. 그런데 일을 하고 싶어도 일자리가 없어 힘들어하는 순모에게 그 돈을 주었습니다. 운전학원을 다녀 면허라도 따라고 말입니다.

운전면허를 딴 순모는 얼마나 성실한 친구였던지 택시라도 몰려면 서울 지리를 잘 알아야 한다며 도시락을 싸가지고 다니며 서울 곳곳을 걸어다녔습니다. 그런데 운이 좋게 어느 기업체 부사장님의 기사로 취직을 하게 되었습니다. 모두 순모를 축하해 주었습니다. 그런데 바로 그 다음 날 후진 하다가 사고를 내고는 겁이 났는지 달아나 버리고 말았습니다.

생활력이 강한 친구라 부천에 집도 마련하고 어느 정도 안정된 삶을 살고 있었습니다. 그동안의 이야기를 들으며 회포를 풀었습니다. 사우디의 어느 왕자가 한국 관광을 왔을 때 지극정성으로 가이드를 해주었답니다. 순모는 머리도 뛰어나 독학으로 아랍어랑 일본어를 공부했습니다. 그 성실성에 감복한 사우디 왕자는 관광을 마치고 남은 돈을 순모에게 다 주고 갔다는 것입니다. 순모의 꿈은 레스토랑을 하나 경영하는 것이었습니다.

그래서 이따금 친구들이 서울에 올라가면 순모에게 신세를 지곤 했습니다. 저도 마찬가지였습니다. 음식과 묵을 곳 외에 세상적인 쾌락을 위한 특별서비스도 제공받았습니다. 그런데 제가 예수를 믿고 나서 그러한 서비스가 일체 멀어졌습니다. 달라진 제 행동에 긴가민가하던 순모는 제가 정말 변했다는 것을 알고 자기 고민을 털어놓기도 했습니다. 그리고 너는 어떻게 그렇게 변할 수 있냐고 그 비법이 무엇이냐고 물었습니다. 제 대답은 아주 간단했습니다.

"나, 예수님을 만났다."

"예수님을 만났어도 그렇지 어떻게 사람이 그렇게 달라질 수가 있냐?"

순모는 그 무렵 아내와의 갈등으로 고민하고 있었습니다. 순모가 고민을 털어놓을 때마다 저도 계속해서 예수님 이야기를 했습니다. 예수님 앞에 모든 짐을 내려놓고 진정한 자유를 누릴 수 있다고 말했습니다. 함께 여관에서 자면서 밤을 지새우기도 했습니다.

대학을 다닐 때엔 순모를 강의실에 데리고 가서 강의도 함께 들었습니다. 공부를 하고 싶어도 할 수 없었던 순모는 대학 캠퍼스를 밟으며 아주 좋아했습니다. 그러한 모습을 보는 제 마음도 기뻤습니다.

드디어 순모가 하나님을 영접했습니다. 예수 그리스도 안에서 거듭 난 순모의 생활이 완전히 바뀌었습니다. 그리고 교회에 열심히 다녔습니다. 그런데 안타깝게도 38세라는 젊은 나이에 스트레스로 인해 세상을 떠나고 말았습니다. 같은 죽마고우 호용이와 함께 순모를 모란공원에 묻어주었습니다. 이 책을 통해서 순모를 다시 한 번 떠올리며 기억하고 싶습니다.

II

미국 집회

1
미국집회의 열매들

1) 40년 기도의 응답

LA 집회를 통해 개인적으로 영접을 시킨 분들이 많은데, 그 가운데 가장 기억에 남는 분 중 한분이 최중현(75세)회장님입니다. 2007년 4월 15일 강일용 목사님께서 시무하시는 하나로 커뮤니티교회에서 오전예배 1, 2, 3부 집회를 갖게 되었습니다. 1부 예배(오전 7시 30분) 때였습니다. 단상에 서 말씀을 전하는데 제 시선이 머무는 곳이 있었습니다. 어찌나 은혜롭게 말씀을 듣고 계시던지 저는 그 분이 오랜 동안 신앙생활을 하신 중직자이신가보다 생각했습니다.

나중에 알고 보니 어느 기업체의 회장인데 암이 전신에 퍼져 수술도 힘들다는 것입니다. 그분 부인도 예수를 믿고 있고 최 회장 본인은 예수님과는 거리가 먼 분이었습니다. 수술도 불가하다는 판정을 받고 나서 지푸라기라도 잡는 기분으로 아내(최숙자 집사)의 강권으로 교회에 처음 나온 것입니다.

아내는 오랫동안 교회 나가는 것으로 인한 핍박을 받아왔습니다. 그러나 남편의 영혼을 포기하지 않고 40여 년간 기도해오다가 딱 한번이라도 교회에 나가자고 설득하였고, 성령님께서 최 회장의 마음을 움직이셨던지 교회에 발을 디뎠던 것입니다.

저는 미국 순회 집회를 하면서 가는 곳마다 USB 메모리에 담아간 동영상을 보여드립니다. 천 마디의 말보다 단 한 장의 사진이 설득력이 있을 뿐더러 제한된 시간에 말로만 모든 것을 전달하는 데에는 한계가 있기 때문입니다. 그 영상을 보신 최 회장님은 자기가 그동안 헛살았다고 하며 회개를 했습니다. 강일용 목사님께서 목양실에서 안수기도를 부탁하셨습니다. 그러나 저는 성령님이 먼저 안수해야 하니 예수님을 먼저 영접한 후에 안수기도를 하겠다고 말했습니다. 상대방이 그리스도를 영접하기 전에는 절대 안수기도를 하지 않았습니다. 혹시라도 병이 나을 경우 그것이 예수님의 능력이라는 것을 확실히 하고 싶었기 때문입니다. 사람

✤ 하나님의 놀라우신 은혜로 온 몸의 암을 완치시켜 주셔서 건강한 몸으로 한국의 낙도까지 찾아와 섬기는 모습

의 마음은 참으로 간사하기 때문에 또 경우에 따라서는 구분이 모호하기 때문에 운이 좋아 나았다고 생각할 수 있기 때문입니다.

　최 회장님이 드디어 예수님을 영접했습니다. 그 순간 평생 눈물을 안 흘릴 것 같은 강인한 이미지의 최 회장님이 영접하면서 눈물을 글썽거렸습니다. 저는 정말 간절한 마음으로 치유를 위해 기도했습니다. 내가 믿는 예수님은 죽은 자도 살리시는 능력 있는 분이시기 때문입니다. 그리고 그분의 고통의 반이라도 제가 달라고, 돌아가신 어머님의 고통을 떠올리며 기도했습니다. 최 회장 부인의 40년 기도가 열매를 맺는 감격적인 순간이기도 했습니다.

　최 회장님은 언젠가 한국에 오게 되면 제일 먼저 저를 찾겠다고 말했습니다. 저는 그분이 예수님을 영접한 것만으로도 마음이 흐뭇했습니다. 저 못지않게 기뻐하신 분은 바로 강일용 목사님이십니다. 강 목사님은 박조준 목사님의 수제자이기도 합니다. 1, 2, 3부 예배에 참석했던 전교인이 섬 사역을 위한 배를 구입하는데 보태라고 선교헌금을 4천불 정도를 헌금해주셨다는데 그 돈을 모두 입금해주셨습니다. 이 외에도 강 목사님과 사모님과 장로님들께서 어찌나 저를 따뜻하게 대접을 해주셨던지 지금도 그분들을 떠올리면 가슴이 따뜻해집니다.

2) 동생 반은희 집사의 이웃 전도

　여동생 반은희 집사 앞집에 한 부부가 살고 있었습니다. 전해들은 바로는 남편이 부인을 몹시 괴롭힌다는 것이었습니다. 그런데 그 부인이 방송을 통해 저를 본 후 제 여동생에게 부탁을 하더랍니다. 남편을 전도해

달라고 말입니다.

드디어 그 집을 방문했습니다. 그런데 그 남편은 거만하기 짝이 없었습니다. 사람이 찾아갔는데 일어나지도 않고 책상에 앉은 채로 컴퓨터만 보고 있었습니다. 상대방이 어떤 사람인지 직감적으로 파악이 되었습니다. 이제 그 사람의 기질에 맞는 공격이 필요한 순간이었습니다. 물론 그 집에 들어서기 전 기도로 무장을 하였습니다. 그러나 그 순간 다시 기도를 하니 하나님께서 지혜를 주셨습니다.

"아니, 젊은 사람이 이게 무슨 태도요? 그래도 명색이 교회 장로인데, 나이로 봐도 내가 연장자이고." 하며 언성을 높이면서 기선을 제압했습니다.

그의 아내는 겁이 났는지 눈치만 보고 있었습니다. 그런데 이게 웬일입니까? 그 사람이 헌병출신이라지 뭡니까? 옳다구나! 하며 계속 큰 목소리로 밀고 나갔습니다.

"EBC(헌병기수) 몇 기요?" 하고 물었습니다.

"408기입니다."

"난 343기요."

헌병출신들의 불문율에 의해 일단은 고분고분해졌습니다. 그 기세를 몰아 다그쳤습니다.

"당신이 부인을 핍박하는 것은 좋은데 예수님을 핍박하면 안 되지요." 라고 꾸중을 한 뒤 전략상 후퇴를 했다가 2차 방문을 시도했습니다.

두 번째 기도할 때에는 그도 눈물을 흘리는 것이었습니다. 그 역시 하나님을 사랑하는 사람이었습니다.

3) 지옥은 더 뜨거워요

산고의 고통이라는 말이 있습니다. 저는 남자라 아이를 낳아보지는 않았지만 여성들은 그 고통을 체험하셨을 것입니다. 그러나 아이가 일단 태어나고 그 아이들이 자라나는 것을 보면 그 고통을 모두 잊어버리게 됩니다. 저는 전도를 나갈 때마다 산고에 버금가는 고통을 느낍니다. 이것은 결코 과장된 표현이 아닙니다. 속된 말로 '피똥을 쌀' 정도의 고통이라고나 할까요. 그러나 한 영혼이 주님을 영접하면 그 고통은 순간적으로 사라지고 기쁨이 넘칩니다. 그 기쁨을 자주 누리고 싶어서 가만히 있으면 온 몸이 근질근질합니다. 그래서 지난 미국 집회 때에도 전도할 나가야겠다고 하니까 여동생이 완강히 만류했습니다.

"오빠, 여기는 미국이에요. 괜히 섣불리 전도하려 했다가 경찰이 달려오는 수도 있어요."

동생의 말을 뒷전을 한 채 뉴욕 시의 한국식 사우나에 갔습니다. 그 안에는 마치 부자지간인 듯 비슷하게 생긴 두 분이 있었습니다.

"인상이 참 좋으십니다. 두 분이 부자지간이신가봅니다." 하며 슬쩍 말을 건넸습니다. 그랬더니 "아니요!" 하더니 젊은이는 나가버렸고 할아버지 한 분만 남았습니다. 고상한 분위기를 풍기는 할아버지셨습니다. 제가 다가가 그분에게 인사를 하자 그분 역시 반갑다며 인사를 했습니다. 맥아더 상 철수 이야기며, 정치이야기, "은혜를 원수로 갚는다"는 둥 한 30분 동안 이러저런 이야기를 하셨습니다. 저는 그분의 말씀을 경청한 뒤 드디어 한 말씀을 드릴 기회를 잡았습니다.

"은혜를 원수로 갚는다고 하셨지요? 저희도 그랬습니다."

그랬더니 펄쩍 뛰면서 말했습니다.

"아니 내가 언제 그랬다는 거요?"

"예수님을 못 박은 우리가 바로 은혜를 원수로 갚은 사람들입니다."

그 후 할아버지께서는 제 이야기에 귀를 기울이셨습니다. 그러나 본인은 천국 가는 데 지장이 없다고 말씀하셨습니다.

"할아버지 이 안이 참 뜨겁지요? 그런데 만일 밖에서 못나오게 문에 못질을 하면 어떻게 될까요?"

그랬더니 할아버지께서는 무슨 미친 소리를 하느냐는 표정으로 쳐다 보셨습니다. 제가 웃으면서 말을 이었습니다.

"할아버지, 지옥은요 여기보다 백배 이상 뜨겁거든요. 그런데 나올 수가 없습니다. 하지만 예수님을 만나면 그런 뜨거운 불 속엔 절대 안 들어갑니다. 2천 년 전 예수님은 할아버지와 저를 위해 십자가에서 죽음을 당하셨습니다. 다른 문제는 모두 돈으로 해결할 수 있을지 몰라도 죄 문제만은 예수님을 믿을 때에만 해결할 수 있습니다. 그 예수님을 믿으셔야 죄에서 벗어나고 천당에 갈 수 있습니다. 할아버지 저는 국내외를 다니면서 전도하는 사람입니다. 저는 10분 후면 나가는데 할아버지는 어쩌시겠습니까? 가만히 있다가 지옥에 가시겠습니까? 지옥에 가기 싫으시면 저를 따라 가도하시면 됩니다."

제 말을 들은 할아버지께서는 그 자리에서 예수님을 영접했습니다. 정말 할렐루야! 가 아닐 수 없습니다. 하나님께서 이 보통사람 반 밖에 못되는 반 장로를 또 사용하시니 감사가 넘쳤습니다.

2
베푸는 손길들

1) 아름다운 복음의 발

처음 뉴욕에 왔을 때엔 반기는 사람들이 별로 없었습니다. 여동생이 저의 행색을 보고 엉엉 울었습니다. 미국에 오기 전부터 목 디스크가 심했고, 몸도 좋지 않은 차에 제 신발을 보고 속이 상했었나 봅니다. 오십 견으로 고생을 하고 있었지만, 섬에서 가스통을 메고 나르면서 생긴 멍을 보고 가슴이 아팠을 겁니다. 자기 자신도 유방암 수술을 받아 몸이 온전치 못하면서 이 오빠를 보고 눈물을 흘리는 동생을 보니 저 또한 마음이 편하지 않았습니다.

동생은 제 신발부터 사주었습니다. 저는 한국에서도 전도를 시작하면서부터는 브랜드화는 아예 산 적이 없습니다. 이따금 구두 티켓을 선물 받지만 거의 다 다른 사람들에게 주곤 합니다. 어느 순간 발을 내려다보다가 '신발을 살 때가 되었구나!' 생각이 들어 선물 받은 티켓으로 신발을 사야지 생각하는데 옆에 계신 어떤 목사님의 신발을 보니 제 것 보다 더 낡았지 뭡니까. 그래서 그 티켓을 드리고 저는 늘 찾아가는 곳에 가서 2만 원짜리 신발을 사 신습니다. 여름에는 망사신발을 신는데 아주 시원합니다. 10만원이 넘는 구두를 신는다는 것은 이제 죄를 짓는 것처럼 마음이 편하지 않습니다. 제가 입고 있는 양복이나 신발 가운데 좀 괜찮다 싶은 것은 모두 선물을 받은 것입니다. 식사도 특별한 경우를 제외하고는 한 끼 당 5천원이 넘는 것은 가급적 먹지 않습니다. 그런데 그 싸구려 구두에 구멍까지 났으니 여동생이 눈물을 흘릴 만했습니다.

미주 복음방송 '새롭게 하소서'를 녹화를 하면서 저는 농담 삼아 말했습니다.

"저 오늘 아주 비싼 신발을 신었습니다. 동생이 사주었는데 150달러짜리 SAS신발입니다."

복음을 전하는 제 발이 롱아일랜드로 향했습니다. 롱 아일랜드는 부자 동네로 그곳에는 서울대를 졸업하시고 소아과의사를 하시는 삼촌(반택용 장로)과 약사이신 고모(반영자 권사), 해병대 중령출신이신 고모부 김정삼 권사님이 거주하고 계십니다. 제가 전도집회를 한다고 하니까 염려가 되시는지 단위에 서서는 이러저러 해야 한다고 주의사항도 말씀해주시며 여러모로 신경을 써주셨습니다. 이분들은 조카를 대접한다기보다 마치 주의 종을 대접하시는 듯 했습니다. 그런데 제가 막상 서서 말씀을 전하니 눈물을 펑펑 쏟으시는 것이었습니다. 그리고 선교헌금도 후하게 하셨습니다. 그리고 기뻤던 것은 반영자 권사님의 아들이 예수님을 영접하게 되었다는 것입니다. 아마 고모에겐 이것이 가장 큰 선물이 되었을 것입니다.

2) 산삼이 웬말인가?

LA에서 오십 견이 심해져서 부황을 떴습니다. 목 디스크가 심해져서

❖ 사랑하는 여동생 반은희 집사와 조카 이지영

❖ 미주 기독교방송 이순주전도사님과 함께

왼팔을 거의 못쓸 정도였습니다. 그런데 동양선교교회에 다니시는 강영지 집사님(동생 반은희의 순천여고 선배)의 부군이 한의사였습니다. 강 집사님 본인은 미용실운영을 하고 계셨습니다. 강 집사님께서는 평소에도 동생 반은희 집사가 아프면 친언니처럼 보살펴주곤 했답니다. 그런데 그 강 집사님이 제가 5천불 상당의 산삼을 캡슐로 만들어서 가지고 온 것입니다. 제가 이런 대접을 받아도 되나 하는 마음에 감동을 받아 하루 동안 울었습니다.

산삼도 산삼이지만 어깨를 만지며 안타까워하시는 그 모습이 너무도 고마웠기 때문입니다. 그것으로 그치지 않고 식사 대접까지 후하게 하셨습니다. 나중에 듣고 보니 그 산삼 캡슐은 남편 몰래 가지고 온 것이었습니다. 그것을 먹고 많이 회복이 되었습니다. 그 은혜를 쉽게 잊을 수가 없습니다.

3) 마무리도 하나님께서

저는 언제나 한 번 움직일 때마다 짐이 유난히 많습니다. 주위에 챙길 사람들이 많기 때문입니다. 제 가족들을 위한 것은 결코 아닙니다. 전도 사역을 도와주시는 분, 제 부모님 같은 할머니, 할아버지 이루 헤아릴 수 없을 정도의 그립고 반가운 얼굴들이 있기 때문입니다. 더구나 먼 미국 땅까지 갔다 온다는데 아주 작은 물건 하나라도 전해드리고 싶었습니다. 예를 들자면 손톱깎이, 꿀, 커피, 화장품 등 값은 안 비싸도 그 종류와 수가 많기 때문에 짐이 많을 수밖에 없습니다.

그러다보니 통관문제가 걱정이 되었습니다. 해결사이신 하나님께 기도하는 수밖에요. 그런데 또 기적과 같은 일이 벌어졌습니다. 인천공항을 떠나올 때처럼 하나님의 입김이 또 작용하신 것이 분명합니다. 그곳의 여자 세관원이 저를 알아보는 것입니다.

"낙도 섬 장로님 아니세요? 짐이 많으시네요?"

"섬 할머니 할아버지 가져다 드릴 것입니다."

그러냐며 그 세관원은 같이 사진을 찍자고 했습니다. 통관문제는 두 말할 필요 없이 오케이!

4) 프로골퍼 최경주 권사

그동안 많은 집회를 다니면서 미국 텍사스 주에 있는 달라스중앙연합

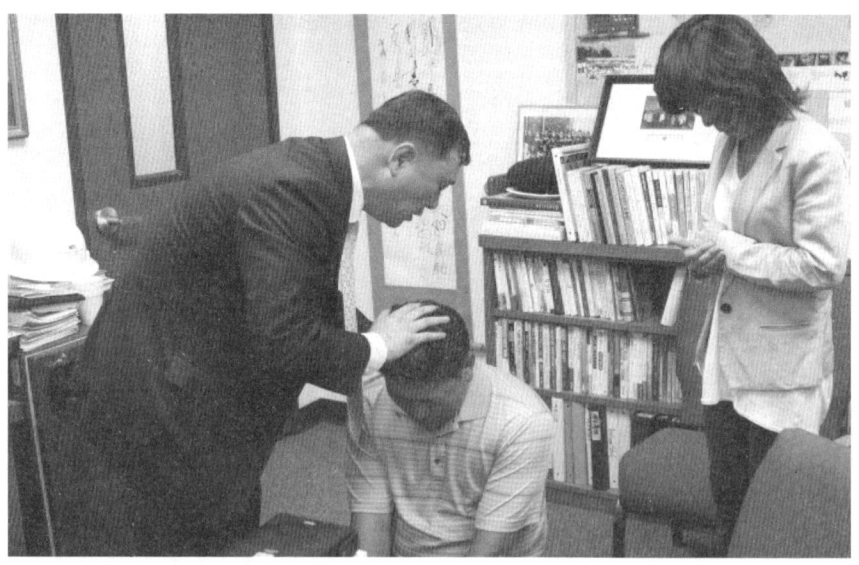

✤ 믿음의 프로골퍼 최경주 권사님께 안수하는 모습

감리교회(이성철 목사)에서 3일 동안 집회를 하게 되었는데, 인격과 지성과 영성을 겸비하신 세계적인 목회자이신 이성철 목사님을 만나게 되었습니다. 항상 상대방의 입장에서 생각하고 유머와 위트로 상대방을 늘 편안하게 해주시며 항상 격려와 위로로 따뜻한 마음의 소유자이십니다.

지금까지 저는 많은 유명인사들, 정치인, 연예인, 경제인, 군장성, 체육계 많은 분들을 만났지만 몸과 마음과 물질을 드릴뿐 아니라 항상 예배와 기도로 헌신하는 세계적인 프로골퍼 최경주 권사님 부부를 잊을 수가 없습니다. 3일 동안의 집회 중 단 한 번도 빠지지 않고 겸손한 마음으로 말씀을 사모하면서 눈물과 기쁨으로 참석하고 있던 믿음의 프로골퍼 최경주 권사님과 김현정 집사님이 모든 집회를 마치고 겸손한 맘으로 무릎 꿇고 안수기도를 받았습니다. 당시 최경주 권사님은 최선을 다하여 PGA 프로골프대회에 임했지만 3년 동안 이렇다 할 좋은 성적을 얻지 못했습니다.

2011년 4월 20일부터 22일까지 집회 중 단 한 시간도 빠지지 않고 참석했던 최경주 권사님과 부인 김현정 집사님을 마지막 날 주님 앞에 겸손히 무릎 꿇고 안수를 해 드렸습니다. 감사한 것은 그 다음 주에 있었던 일본 프로골프(JGTO) 투어 던롭 피닉스 토너먼트에서 3위를 차지하고 돌아와 부족한 종과 식사하던 중 기뻐하며 하나님께 감사를 드린다고 낙도에 거액의 헌금을 기부해 주셨습니다.

그날 저녁 최경주 권사님의 섬김으로 저녁식사를 하고 감사의 기도를 드렸는데 다음 출전인 PGA투어 플레이어스 챔피언십에서 아시아인으로는 최초로 우승했다는 소식을 들을 수 있었습니다. 우승한 후 이 모든 것이 하나님의 은혜이며 모든 영광을 하나님께 돌리는 모습을 보면서 감동

✤ 달라스중앙연합감리교회 이성철목사님과 믿음의 프로골퍼 최경주 권사님, 부인 김현정 집사님

을 받았습니다. 그 뒤로도 우승과 2등으로 상위권에서 좋은 성적이 지속되었다는 소식을 들었을 때 이 모든 영광을 하나님께 돌리며 끝까지 하나님의 영광의 도구가 될 것을 확신합니다. 비록 본인 자신은 전남 완도 섬에서 어렵고 힘들게 자랐지만 항상 모든 사람들에게 긍휼한 마음을 가지고 어느 재벌보다 어느 기업가보다 더 많은 물질과 시간을 투자하여 어렵고 소외된 자들을 위하여 그리고 낙도 주민들을 위하여 지금도 기도와 물질로 헌신하고 있습니다. 최경주 권사님 부부와 같은 진실한 크리스천들이 많이 배출되어 우리나라와 세계 곳곳에 하나님의 살아계심과 그리스도의 향기가 넘쳐나기를 소망합니다.

하나님께서는 부족한 종의 집회 때마다 감당할 수 있는 은혜를 내려주십니다. 강퍅했던 모든 심령들이 회개하고 눈물 뿌리며 자복하는 모습을 보았으며, 수많은 성도들의 영혼이 회복되며 질병이 떠나가는 것들을 수없이 경험했습니다.

　부족한 종을 예수님처럼 섬겨주신 이성철 목사님과 그리고 최경주 권사님과 김현정 집사 내외분께 진심으로 감사드리며 하나님의 은혜와 축복이 함께 하시기를 기원합니다.

3
신유의 사건들

1) 최빛나 이야기

지금으로부터 5년 전 미 동부 지역에 있는 벅스카운티 교회(김풍운 목사)에 가서 3일 동안 집회를 하게 되었는데 유난히 유학생들이 많이 있었습니다. 특별히 김풍운 목사님은 인격이 좋은 분이라 남을 배려하는 따

✤ 미국 벅스카운티에서 낙도에 집을 지어주시고 선교해주신 벅스카운티교회 김풍운 목사님과 사모님

뜻한 목사님이셨습니다. 두 아드님이 의사였고 모범적인 목회자의 모습이었습니다.

집회 마지막 날 아름답고 귀여운 자매가 와서 다짜고짜 "장로님 제가 낙도를 가도 될까요?"라고 말하길래, 농담으로 "그래 꼭 와야 한다."고 말을 했지만 올 것이라고는 전혀 생각지 않았습니다. 그런데 그 자매가 한국까지 와서 연락이 되었습니다. 그 자매의 부모님은 필리핀에서 사역하고 계시는 선교사님이었습니다. 그 자매가 최빛나였고 이곳 낙도까지 여동생을 데리고 직접 찾아와서 할머니들을 섬기고 음식을 날라주며 기쁨으로 섬겼던 기특하고 믿음이 좋았던 자매들이었습니다.

그런데 그 최빛나 자매가 미국에 있을 때부터 코가 좋지 않았는데 한국의 큰 병원에서 진단결과 한국에서는 처음 보는 암의 일종이라고 했습니다. 병원과 한의원 등 수많은 병원을 다녔지만 오히려 악화만 되었습니다. 부족한 종이 사랑하는 딸 빛나를 위해 기도하며 적은 치료비를 보내주었지만 근본적인 방법이 될 수 없어 안타까웠습니다. 그러던 중 용인생명샘교회를 담임하시면서 세계 목회자 성경연구원 원장이신 박승호 목사님을 찾아가 빛나의 사정을 이야기하고 치료비중 일부를 도와주라는 저의 부탁을 받고 깊이 이해하시면서 이렇게 말씀하셨습니다.

"장로님, 우리 빛나가 100% 치료될 때까지 치료비 전액을 대주겠습니다."

박 목사님은 이와 같은 약속의 말씀을 하시고 최선을 다하여 치료해주셨습니다. 그리고 필리핀에서 선교하시는 빛나의 부모님들에게 거금의 성금을 보내주시고 낙도선교회의 선교선을 구입비로, 그리고 화재로 낙도사무실이 소실되었을 때에도 생각할 수 없는 거액을 헌금을 보내면서

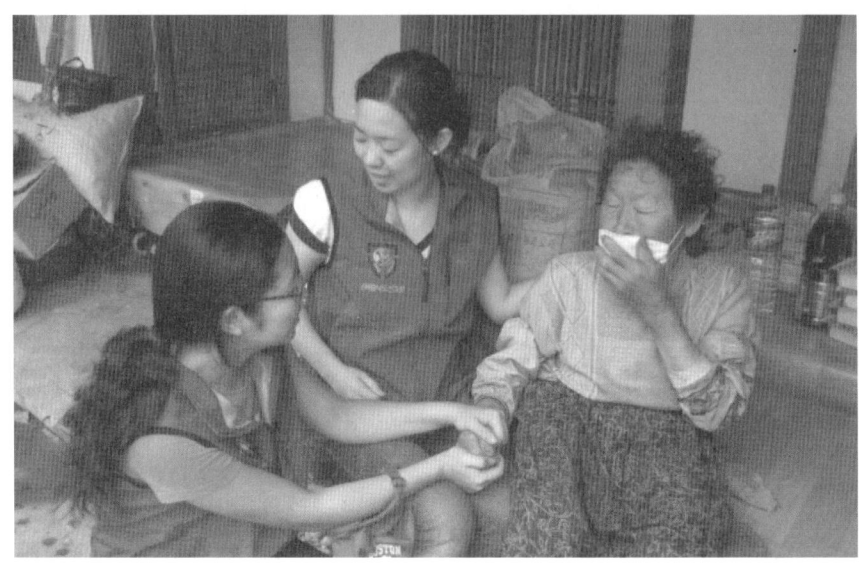
♣ 곽후방 할머니의 입술에 암이 있다는 말에 가슴 아파하는 최빛나와 여동생

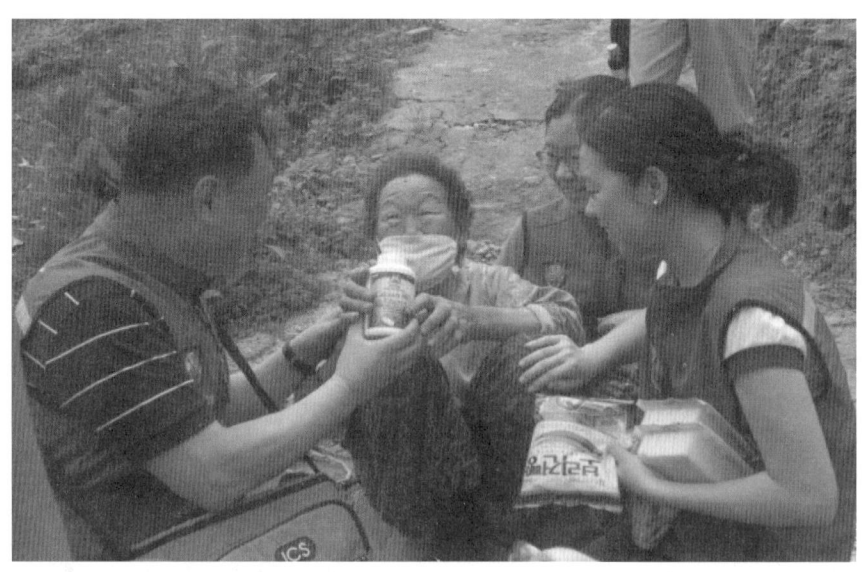
♣ 수항도 곽후방 할머니에게 미국에서 가져온 영양제를 드리고 있는 최빛나와 동생

위로와 격려의 말씀을 해주셨습니다. 그 외 수많은 선교사님, 소외되고 가난한 사람들을 위하여 전 세계의 모든 선교사님들을 위하여 현장까지 직접 찾아가서 말씀으로 양육시켜주시고 물질로 섬겨주셨던 박 목사님을 영원히 잊지 못할 것 같습니다.

저는 제단에서는 수없는 은혜로운 말씀을 전하면서도 실제로 행하는 분들은 많이 보지 못했습니다. 그렇지만 우리 박승호 목사님은 녹동에서 훌륭하게 목회하시다가 젊은 나이에 소천하신 아버지 목사님을 하늘나라에 보내시고 지금까지 어느 누구도 경험하지 않는 고난과 역경 속에서도 예수님의 마음으로 목회하시고 계십니다. 모든 사람을 섬기고 교회를 섬기고 목사님들을 섬기는 이 마지막 때 정말 예수님을 100% 닮은 작은 예수 박승호 목사님이십니다. 저는 이 세상을 살아가면서 예수님 다음으로 박승호 목사님을 만나게 해주신 하나님께 감사드리며 부족한 종이 주님 앞에 가는 그 날까지 그 분을 섬기며 믿음의 삶을 살기 원하고 있습니다.

박승호 목사님과 부족한 종, 그리고 낙도선교회 모든 회원들은 사랑하는 딸 빛나를 위해 날마다 기도하였지만 병세는 악화되었고 치료의 방법도 우리나라 의학으로서는 치료할 수가 없었습니다. 그러던 중 벅스카운티 교회의 영어예배(EM)의 부목사로 시무하는 이상협 목사가 빛나 자매를 사랑하여 한국까지 와서 청혼하게 되었고 암이 걸린 줄 알면서도 이상협 목사와 부모님들은 결혼을 승낙했습니다. 빛나가 미국에 있는 모든 병원에 자기의 병세를 알리고 소식을 기다리던 중 보스턴에 있는 하버드 의대에서 연락이 왔습니다. 수술하지 않고 약물주사로 치료할 수 있다고 하는데 한번 주사를 투입할 때마다 1만불(약 1200여만 원)이 든다고 하면서 울면서 기도해달라는 빛나의 간절한 요청을 받고 기도하던 중 부족한 종의 외화 통장에 2,030불이 있어서 그중 2,000불을 빛나에게 송금하였습니다.

"빛나야 꼭 하나님께서 오병이어의 기적이 나타나게 하실 것이라 믿는다."

이 같은 말씀대로 빛나의 어려운 사정을 듣고 많은 분들이 기부하여 1차부터 3차까지 주사를 맞았는데 기적적으로 모든 암세포가 떠나버렸습니다.

2011년 봄 뉴욕으로 집회를 갔을 때, 사랑하는 딸 빛나와 이상협 목사가 찾아와 10일 뒤에 결혼한다고 인사를 드릴 때, 감격이 넘쳐 눈물을 흘렸습니다. 지금도 믿음의 딸 빛나는 부족한 종을 위하여 그리고 낙도 사

✤ 부족한 종이 예수님처럼 존경하는 박승호 목사님과 이현택 목사님

역을 위하여 새벽마다 기도하고 있는 천사와 같은 믿음의 사모가 되었습니다. 워싱턴에 있는 워싱턴중앙장로교회에서 사역하고 있는 이상엽 목사의 부인이 되어 건강한 몸으로 사모의 길을 걷고 있습니다. 하나님께서 사랑하는 딸 빛나를 그 역경과 고난을 통하여 별처럼 빛나는 믿음의 딸로 쓰실 것입니다.

이 아래 글은 부족한 종이 미국 집회를 나가기 직전 제 전화를 받고 빛나가 쓴 글입니다.

이 글을 지금 읽고 계시는 여러분,

당신은 태어나서

"와 세상에 진짜 이런 사람도 있구나!"라는 생각해보신 적 있으세요?

책을 통해서 읽은 사람 말고, 역사에 이미 묻혀서 이름만 남은 사람 말고, 뉴스나 TV를 통해서 들은 사람들 말고, 여러분의 매일 삶 가운데, 가까운 그곳에서 당신의 마음에 변함없는 위로와 감동이 되어주는 그런 사람... 그런 사람 혹시 있으시나요? 한 사람이라도? 질려하지도 않고, 그냥 묵묵히 당신의 빛과 기쁨이 되어주는 그런 사람 말이죠. 가족이 아닌데도 불구하구요.

저는 그런 사람을 만났답니다. 그것도 기적적으로. 지금도 사실 안 믿어져요. 생각만 해도 가슴이 콩닥콩닥, 저의 존경하는 아버님이 되어주시는 우리 반 봉혁 장로님 말이죠.

자, 제 얘기를 끝까지 한번 읽어 보서야 돼요.

바쁜 일정 가운데 수많은 교회들을 다니시며 집회를 인도하시는 장로님께 감히 제가 어떻게 다가갈 수 있었겠습니까? 몸이 많이 아파서 제정신이 아니었는지, 용감하게도 집회 마지막 날에 저도 모르게 우리 아버님께 달려

가듯 장로님께 나아가

"낙도에 꼭! 가보고 싶어요" 하고 얘기하게 되었습니다.

사실, 학생으로서 낙도를 위해 헌금할 돈도 없고, 아무것도 없었어요. 장로님 앞에서 내세울 것도 없었고, 오히려 한국에 와서 병원에 입원하게 되었고. 그러나, 이게 말이 됩니까. 선교사 자녀로 육체의 고난에서, 더 나아가 영과 혼의 아픔에서 누워 있을 때에... 너무나 외롭고 아플 때에, 힘들 때에, 도움이 필요할 때에, 내가 뭐라고. 무엇으로 보답해 드릴 것도 없는 나인데...

장로님께서는 전화로, 재정적으로, 기도로, 위로의 말씀과 유머로, 무엇보다 아버님의 사랑으로 저를 돌보아 주셨습니다. 오랫동안 알아온 사이도 아니고, 친가족도 아니고, 특별히 잘 아는 사이도 아니었는데 어떻게 그렇게 조건 없이 사랑해 주시고, 섬겨 주실 수가 있을까. 지금도 생각할수록 가슴이 뜨거워지고 눈물이 나요.

"아 세상에 진짜 이런 사람도 있구나..."

"정말 사람이 이럴 수도 있구나..." 덕분에 죽을 것만 같았던 제 몸은 급속도로 좋아졌습니다.

장로님은 사랑의 천사가 아니실까, 그런 생각을 합니다.

내일이면 미국으로 더 많은 사람들에게, 더 큰사랑을 전파하러 가시는 우리 장로님... 아까 통화를 했을 때에 목소리가 조금 쉬었어요. 가슴이 너무 아파서 전화를 끊고 펑펑 울어버렸어요. 우리 장로님은 절대로 아프시면 안 되는데... 차라리 내가 아플 수만 있다면...

여러분의 기도가 많이 필요로 합니다.

영혼구원을 위하여 몸도 아끼지 않으시는 우리 장로님.

"미국에서도 많은 영혼들이 장로님을 통하여 예수님의 사랑과 복음을 다시금 깨닫고 체험할 수 있도록 우리 모두 깨어서 기도로 중보합시다."

주님이 함께 하셔서 기적이 일어날 거예요!

기도하는 우리들의 마음에도 힘과 용기가 샘솟을 거예요!

오직 예수 이름으로. 여러분 모두를 사랑하고 축복해요.

아버님 장로님을 항상 사랑하며 존경하는 이쁜 딸, 빛나.

2) 유승희 집사의 암치료

미국 버지니아 주의 열린문 장로교회에서 집회 중 염희섭 목사님이 보내주신 글입니다.

"반갑습니다. 저는 미국 버지니아의 열린문 장로교회 전도사역원 담당 염희섭 목사입니다. 지난 5월에 반봉혁 장로님께서 집회차 오셔서 인연이 되어 이렇게 낙도 선교에 동역을 하게 되었습니다.

지난번 반봉혁 장로님 집회 때, 저희 교회에 유승희 집사님께서는 온 몸에 암이 퍼져서 병원에서는 가망이 없다고 하였었습니다.

그러나 집회 때 장로님의 기도 초청에 응하여서 기도를 받았는데 하나님께서 역사하셔서 2주전 검사 결과 온 몸에 퍼졌던 암 세포가 하나도 남아 있지를 않았다고 합니다.

할렐루야!!!

이 어찌 함께 기뻐하지 않을 수가 있겠습니까? 그래서 함께 이 기쁨을 나누고자 글을 올리오니 그동안 함께 기도해 주셨던 모든 분들께서도 함께 기뻐해 주시고 하나님께 영광을 올리시기를 바랍니다.

그동안 함께 기도해 주셨던 반봉혁 장로님을 비롯한 모든 낙도 선교의 동역자 여러분들께 진심으로 감사를 드립니다. 감사합니다."

3) 치유의 역사들

미국 시애틀 타코마 삼일교회(정태근 목사)에서 3일 동안 집회를 했는데 집회가 끝난 후 담임목사님이신 정태근 목사님과 전화하게 되었습니다. 전화 통화중 정 목사님은 그동안 간암으로 고생 중이었던 문영숙 집사님이 집회 후 병원에 가서 MRI 촬영을 했는데 간암세포가 완전히 없어져 완치되었다는 말씀을 전하는 것이었습니다.

평상시 차분하시면서 진실하셨던 정태근 목사님께서 기쁜 마음으로 흥분되어 문영숙 집사님이 치료되어 얼마나 하나님께 감사한지 모른다는 말씀을 들었습니다.

또한 신시내티 능력침례교회(이성권 목사)에서 은혜 받았던 최소영 자매가 직접 작사 작곡하여 낙도선교회의 배경음악으로 보내주었고, 몸이 아프다는 말씀을 듣고 먼 곳 올림피아까지 로얄제리를 보내주었던 이윤정 자매를 잊을 수 없습니다.

4) 깨끗해진 입안건조증

다음은 미국의 임바울 목사의 사모님께서 간증하신 내용을 이메일로 보내주셨습니다.

샬롬, 미국 L.A.한인 타운에서 40분정도 남쪽으로 내려가다보면 디즈니랜드가 있는 도시 애너하임(Anaheim) 이라는 곳에 있는 "샘솟는교회"의 담임목사 사모인 임한나입니다. 저는 3-4년 전부터 입안건조증(입 안의 침샘의 활동이 원활하지 않아 입이 마르는 증상)으로 물을 마시고 마셔도 목이 타는 갈증과 고통이 있었습니다. 밤에도 목이 너무 말라서 자다가도 물을 마셔야 할 정도였습니다. 참고로 전 당뇨병 환자가 아닙니다. 침에는 소화액이 있는데 침이 충분히 나오지 않으면 소화도 잘 안되고 건조증이 심한 경우는 치아의 충치 발생의 빈도가 높아져 치아 손상도 입게 되는 고통스러운 증상입니다. 아마 안구 건조증을 가지고 계신 분들은 입안 건조증이 쉽게 이해 되실 것입니다. 그런데 지난 3월 7일 주일, 반 장로님의 집회 중 마지막 시간에 통성기도와 안수기도 시간이 있었습니다. 눈을 감고 두 손을 들고 열심히 통성기도를 하고 있었는데 저의 차례가 되어 제 머리와 오른쪽 옆얼굴에 손을 얹으시고 기도해 주셨습니다. 그런데 그 다음 날? 가만히 있거나 말 할 때나 입안에 침이 많이 생긴다는 것을 느끼게 되었습니다. 신기하게도 침샘에서 침이 나오고 있었습니다. 할렐루야! 얼마나 큰 은혜인지요. 목젖이 타는 고통이 없어지다니..... 수고하신 반 장로님과 부족한 여종에게 은혜를 베푸신 하나님께 영광과 감사를 드립니다. 낙도 선교와 전도에 온 삶을 다 쏟으시는 장로님 하시는 사역에 날마다 하나님의 역사하심이 넘치시길 기도합니다.

지금도 하나님은 마가복음 16장 17절에서 18절 "믿는 자, 곧 전도자들에게는 이런 표적이 따르리니 곧 그들이 내 이름으로 귀신을 쫓아내며 새 방언을 말하며 뱀을 집어올리며 무슨 독을 마실지라도 해를 받지 아니하며 병든 사람에게 손을 얹은즉 나으리라 하시더라"는 말씀처럼 역사하십니다. 다시 한 번 부족한 종을 하나님의 생명을 살리는 종으로 쓰임 받게 해주신 것에 대해 감사와 영광을 돌립니다.

III

전도
사건들

1
속아도 기뻐요

언젠가 전도하던 중, 할아버지는 3년 전에 영접을 하셨으나 할머니는 끝까지 거부를 하시면서 온갖 저주를 하며 저를 박해하셨습니다. 그런데 그 할머니께서 작년에 암에 걸려 앞으로 2개월 밖에 못산다는 진단을 받으셨습니다. 그래서 할머니에게 물었습니다.

"할머니 이젠 꼼짝없이 돌아가시게 되었는데, 돌아가실 때 우리 믿는 사람들 같으면 예쁜 천사가 데리고 가겠지만, 할머니는 까만 옷에 갓을 쓰고 강시같이 생긴 저승사자가 데려가겠네요. 할머니, 그 무서운 사자를 따라가고 싶으세요? 아니면 예쁜 천사를 따라가고 싶으세요?"

그랬더니 할머니께서는 한 치 망설임도 없이 "예쁜 천사를 따라가야지!"라고 대답하셨습니다. 그리고는 제 손을 잡고 예수님을 영접하는 기도를 드렸습니다. 그러자 옆에 계시던 할아버지께서 얼마나 기쁘시던지 제 뺨에 입을 맞추셨습니다.

그런데 예기치 못할 일이 생겼습니다. 할머니께서 암 선고를 받으신 것은 오진이라는 것입니다. 하나님께서는 할머니의 영혼을 구원하시기 위해 의사선생님도 들어 사용하셨던 것 같습니다. 지금 그 할머니께서는 얼마나 정정하신지 저희 교회에 오셔서 김장을 담그시기도 하십니다. 그래서 할머니께서 물었습니다.

"할머니 기분 나쁘시지 않아요? 속은 기분은 안 드세요?"

"무슨 소리! 난 너무 기분이 좋아! 하나님을 믿게 되어서."

2
저도 천수경을 읽었습니다

지난 5월 25일의 일입니다. 제 옆에 앉아 계신 분이 어디서 많이 뵌 것 같다는 생각을 하고 있었습니다. 일단 제 곁에 앉은 이상 낚싯줄에서 벗어날 수 없습니다. 더구나 그 분은 불교에 매우 심취한 듯 했고, 천수경을 읽고 계셨습니다. 언제 대화를 시작할까 기회를 엿보고 있던 차에 그분이 제게 먼저 말을 건넸습니다.

"서울까지 얼마나 걸립니까?"

"저도 절에 다녔었습니다. 지금은 교회에 다니고 있습니다."라며 저도 이 천수경 읽었다고 말했습니다. 물론 어머니 이야기도 빠뜨리지 않았습니다.

"저희 어머니께서도 얼마나 절에 열심이셨던지 절에서 받은 호도 있습니다."

그런데 호 이야기를 하니까 그분께서 곰곰이 생각하는 듯 하더니 저희 어머니를 아신다고 했습니다. 저는 불교에 대한 공격적인 발언은 일체하지 않았습니다.

"부처님도 참 좋은 분이시지요. 제가 어릴 때 선하게 산 것도 부처님의 가르침 덕분인 것 같습니다. 그런데 저는 지금 은혜 받고 장로가 되었습니다."라며 대화의 틈새를 점점 좁혀갔습니다.

그분은 매우 뜻밖이라는 표정을 지으며 제 이야기에 귀를 기울였습니다.

"부처님은 위대한 스승이요, 철학가이며, 도덕가이십니다. 그러나 구세주는 아니지요. 예수님도 마찬가지십니다. 그런데 다른 점이 있습니다. 예수님은 우리 죄 때문에 십자가에서 돌아가셨습니다. 바로 우리의 죄 때문입니다."

"그러면 어떻게 해야 되는 것인가요?"

"해탈하면 됩니다."

"그렇습니까? 그런데 해탈한 사람은 얼마나 됩니까?"

"얼마 없지요."

"도둑질을 다섯 가지 한 사람이 선한 일을 백가지 하더라도 죄는 안 없어집니다. 그런데 예수님의 십자가는 모든 죄의 문제를 해결하셨습니다. 그분은 '나는 길이요, 진리요, 생명이라' 고 직접 말씀하셨습니다."

저는 아예 호칭까지 "어머님"으로 바꿔 부르면서

"어머님, 지금이라도 예수님을 믿기만 하면 죄 문제를 해결할 수 있습니다."라고 말했습니다.

지금까지 자기에게 전도하던 사람들은 한결 같이 자기를 '사단'이라고 하면서 몰상식하게 밀어붙였다고 그분은 말했습니다.

"장로님처럼 차근차근 가르쳐 주면서 전도한 사람은 처음입니다. 하지만 제가 70여 년간 걸어온 길인데 어떻게 바꿉니까?"

"자기가 가고 있는 길이 낭떠러지를 향한 길이라는 것을 알면서 어떻게 계속 가십니까? 예수님 외에 그 누가 자기가 길이고 진리고 생명이라고 말한 적이 있습니까?"

저는 전도하다가 이런 비슷한 말을 들으면 담배이야기를 떠올립니다. 즉 담배를 피우는 사람에게 이제 그만 담배를 끊으라고 말하면 그동안 너무 오래 피워서 끊을 수가 없다고 말하는 사람이 있습니다. 그러면 조금도 망설이지 않고 "그동안 실컷 피웠으니 끊어야지요."라고 말하고 웃곤 하기 때문입니다. 전도도 마찬가지입니다. 상대방이 어떤 답을 하던 간에 유연하게 대처해야지 그것을 대적하며 상대방을 이기려고 하면 아무 것도 얻을 수가 없습니다. 계속 대화의 줄을 놓치지 않으면서 제가 전하고 싶은 말을 전했습니다.

"다른 종교에는 내세가 없으나 기독교에는 내세가 있습니다. 또 믿고 싶다고 믿는 것이 아니라는 것, 성령이 역사하셔야만 믿을 수 있습니다. 어머님, 인상을 보니 곧 성령님이 역사하실 것 같습니다. 아마 부처님께서도 지금 살아 계시다면 날 믿지 말라고 하셨을 겁니다."

결국 4시간 반에 걸친 긴 여행이 끝나 목적지에 도착했습니다. 많은 것을 깨우쳤다고 말하고 발길을 옮겼습니다.

3
태영사 주지의 매운탕집 사건

'도월'이라는 마을에는 민물 매운탕집이 있습니다. 저희 교회 성도님이 운영하시는데 안타깝게도 매운탕집 주인 김정복 성도님은 간경화로 얼마 전 하늘나라에 가셨습니다. 살아생전 기도를 해드리면 좋아하시던 모습이 생각나고 그립기도 합니다. 늘 손님이 붐벼서 손길 또한 바쁩니다. 그렇게 바쁜 때에 속회를 인도하러 가면 손사래를 치시며 말합니다.

"아이코 장로님 이렇게 바쁜데 또 오셨네요"

그렇다고 물러날 제가 아니지요. 전 악착같이 그분을 찾아갑니다. 3년 전 어느 날 속회를 인도하면서 말씀을 전하는데 어떤 아주머니 한 분이 연신 "아멘!" 하시면서 고개를 끄덕거리셨습니다. 알고 보니 어릴 때 교회를 다니신 적이 있다는 것이었습니다. 그러나 지금은 근처에 있는 태영사 주지시랍니다.

"옳다구나!" 하면서 태영사로 쫓아갔습니다. 절에 갈 때엔 김영조 권사님과 최남철 성도님을 모시고 갔습니다. 최남철 성도님은 서울대를 수석으로 졸업하시고 한화(주) 공장장이셨는데 혹시나 이론적으로 토론이 붙을 경우를 대비하여 동행한 것입니다.

그분 손을 잡으며 함께 기도를 하자고 말했습니다. 그랬더니 놀라며 말했습니다.

"저기 부처님상이 즐비한데 여기서 기도하다가 해코지라도 당하면 어쩝니까? 아무 일 없다는 보장만 하면 기도를 하지요."

결국 함께 영접기도를 마쳤습니다. 할렐루야! 주님 나라 백성이 또 한 명 늘어났습니다. 현재 그 분은 대전에서 신앙생활을 잘하고 계십니다.

4
땅주인은 하나님

제가 최 집사님(66세)을 만나 뵙게 된 것은 약 4년 전의 일입니다. 서울공대 출신에 영어성경을 7번이나 통독했다는 분이셨습니다. 그런데 둥글둥글한 성격이 아니라 주변에 적이 좀 있는 편이었습니다. 그리고 한화 여수 공장의 공장장과 순천제일대학의 교수까지 지내셨습니다. 그런데 어느 날 보니 그분이 작업복차림 삽을 들고 제 소유의 밭을 파고 계셨습니다.

"무슨 일이십니까?"

제가 다가가 물었습니다.

"혹시 밭주인을 아십니까?"

땀을 닦으며 최 집사님께서 정중하게 물었습니다.

"그 밭주인은 하나님인데요. 저는 관리인입니다."

제 말을 제대로 이해 못하셨던지 다시 진지하게 물으셨습니다.

"땅주인을 만나려면 어떻게 하면 됩니까?"

"주일날 교회로 오시면 됩니다."

그런데 주일이 되자 그분은 양복을 말끔하게 차려입으시고, 영어성경을 들고 교회에 나타나셨습니다. 그날 제가 기도를 담당했었는데

✤ 최남철 집사님과 김영조 권사님 부부와 함께

기도하러 단위에 올라가면서 슬쩍 보니 눈물을 흘리고 계셨습니다. 사실 목사님들 사이에 자주 사용하는 '일회용' 이라는 말이 있습니다. 어찌어찌해서 한 번 정도만 교회에 나올 사람을 뜻합니다. 그렇다면 그분이야말로 자신의 필요 때문에 나온 '일회용' 일 수 있습니다. 그런데 그날 하나님을 만나는 대 역사가 이루어졌던 것입니다.

"제가 오늘 하나님을 만났습니다!"

넘치는 기쁨을 주체를 못하시던 그 분은 매주 토요일마다 교회청소를 하시기 시작했습니다. 어찌나 철두철미하게 청소를 하시는지 앰프 뒤에 숨은 먼지까지 샅샅이 닦아내셨습니다. 그 이후엔 저와 함께 전도를 다니기 시작했습니다. 그러면서 저를 "사도"라고까지 부르시며 좋아하셨습니다. 지금은 저희 교회에 다니시지 않지만 서울로 떠나시기 직전까지도 새벽기도, 삼일기도를 한 번도 빠지지 않으셨습니다.

그날 땅 주인을 물으셨던 이유는 텃밭삼아 상추라도 심고 싶어서였답니다. 그리고 정말 교회에 가면 땅주인을 만날 것이라고 생각하고 왔다고 했습니다. 얼마나 순박한 생각을 가진 분이셨는지 지금도 최 집사님이 그립습니다.

5
주일학교 대장

 '두부 전도왕'을 읽어보신 분들은 모두 기억할만한 분을 다시 한 번 소개합니다. '대한민국의 여자들은 내 여자'라고 말할 정도로 호탕한 인물입니다. 성격 못지않게 입담도 거칠고 덩치도 커서 그 앞에 서면 웬만한 사람들은 주눅이 들기도 합니다.
 게다가 집안 또한 쟁쟁하고 가진 재물도 많으니 천하에 겁낼 것이 없는 사람이었습니다. 가진 만큼 씀씀이도 대단해서 한 번에 2-3백 명 정도의 식사비를 다 계산할 정도였습니다. 그러나 얻어먹긴 해도 이 사람을 좋아하는 사람은 손에 꼽을 정도였습니다. 그 이름이 바로 김재국입니다. 성격도 급한데다 반항적인 기질까지 있으니 한번은 논두렁에 풀 좀 자르라는 아버님 말씀을 거역할 수는 없고, 일일이 자르기는 귀찮아 아예 불을 질러버리기도 했습니다.
 예수님을 영접하고 나니 신앙생활 또한 화끈하였으나 체질적으로 목사님들을 아주 싫어했습니다. 그래도 저는 좋다고 "장로님, 장로님!" "형님! 형님!" 하며 따라다녔습니다.
 김재국 성도는 봉사할 일을 달라고 조르기에 주일학교 어린이 차량 운행을 맡겨주었습니다. 매주 오전 9시면 어린이를 태우기 위해 한 바

❖ 고 김재국 집사님

퀴씩 돕니다. 그런데 그전까지만 해도 25명 남짓하던 주일학교 어린이 수가 김재국 성도가 차를 운행한 이후 70명으로 불어났습니다. 도대체 그 비법이 뭘까? 무서운 외모로 협박이라도 했나? 알고 보니 김재국 성도는 매주 2만원을 천 원짜리로 바꿔 준비하고, 제과점에 가서 빵을 사들고 나왔습니다. 그리고 아이들에게 빵을 나누어주고, 전도를 하거나 결석을 하지 않은 아이들에게는 천 원짜리 지폐를 상품으로 준 것입니다. 이렇게 한 3년을 봉사했습니다.

그가 세상을 떠난 지 어느덧 십여 년이 지났습니다. 지금도 내가 영적으로나 육적으로 지쳐있을 때면 그 사람이 떠오릅니다. 어찌나 저를 잘 챙겨주고 생각해주었는지 모릅니다. 전어가 먹고 싶다는 말이 떨어지자마자 한꺼번에 백 마리가 넘는 전어를 사오기도 했습니다. 전미란 집사 역시 신앙적 연륜은 오래되지 않았으나 남편을 먼저 떠나보내고 씩씩하게 살아가고 있습니다. 그리고 동병상련의 강안숙 사모와 신바람 낙도선교회에도 선교헌금을 보내며 불우한 이웃들을 보면 도와주는 섬김을 실천하는 집사님입니다. 김재국 잡사님이 변화되었던 것은 영접 후 사후관리가 있었기 때문임을 잊어서는 안 될 것입니다.

6
신길동 집회 사건

　미국순회 집회를 마치고 국내에서도 계속 집회가 이어졌습니다. 그 가운데 가장 기억에 남는 것이 지난 4월 30일에 있었던 신길동 영신교회 집회입니다.
　집회를 마치고 성령이 크게 임했습니다. 전도를 하다가 핍박을 받은 이야기를 하다가 갑자기 2천 년 전 골고다를 오르시던 예수님의 십자가가 생생하게 떠올랐습니다. 마지막 피한방울까지 모두 쏟으신 그 모습을 이야기 하는 순간 공교롭게 제 코에서 코피가 터졌습니다. 피를 보아서 그런지 교인들도 감동을 이기지 못하고 통곡을 하는 것이었습니다. 그 가운데는 청년들도 많았는데 전도하지 못했던 것을 회개하며 눈물을 펑펑 쏟았습니다. 권사님들이 물수건을 가져다 주셨지만 코피는 좀체 멈추질 않았습니다. 2천 년 전의 예수님이 지금도 살아계셔서 이 모자란 저를 통해 역사하셨던 것입니다.

7
노인대학 강의

저는 전도 집회는 많이 다녔지만 노인대학 강사를 한 적은 없습니다. 그런데 얼마 전 순천동부교회 노인들 150-60명 정도 모이는데 그 가운데 예수를 믿는 분은 10퍼센트도 안되었습니다. 모두 불교 아니면 유교신자였습니다. 그런데 이분들의 강사로 초빙을 받고 나서 얼마나 걱정이 되던지 거의 한달 동안 기도에 매달렸습니다. 드디어 약속한 수요일이 다가왔습니다. 10시부터 강의인데 그날 새벽 기도를 마치고 하나님께로부터 응답이 왔습니다. 출발하기 전에 머릿속에 문득,

"반 장로야, 뭘 걱정하느냐. 네 어머니 간증을 하거라."라는 말씀이 떠올랐습니다.

그분들 앞에 섰을 때 "저는 어젯밤 들떠서 한 숨도 못 잤습니다. 마치 어린 시절 소풍가기 전날과 같았습니다. 어머님 아버님께서 너무 일찍 돌아가셔서 내일이면 우리 부모님과 같은 분들을 뵙겠구나 하는 기대 때문이었습니다."라며 어머니 이야기를 들려드렸습니다.

먼저,

"혹시 양옥순이라고 아십니까?"

✤ 순천동부교회 노인대학에서 영접시키는 모습

몇 분이 손을 들었습니다. 그 가운데 어머니와 동창이라는 분도 계셨습니다.

"그분이 바로 저의 어머님이십니다. 그리고 저는 후미끼리 옆 '양깍쟁이 외손주 반봉혁입니다."

그랬더니 모두 웃음을 터뜨리셨습니다.

"그 개구쟁이 꼬마가 바로 접니다."

어머님이 영접하신 이야기를 들려드렸습니다.

"천국가고 싶으신 분 손들어보세요!"

여기저기 손드는 분들이 있습니다.

"그럼 지옥가고 싶으신 분 손들어보세요!"

아무도 안 듭니다. 그럼 예수님을 영접하시고 천국가시고 싶으신 분은 나오셔서 제 손을 붙잡으시라고 말씀드렸습니다. 그랬더니 할머니들 모두가 나오셔서 영접기도를 했습니다.

지금도 어머님 연세쯤 되신 분들을 보면 제 어머니 같고 또 어머니가 몹시 그리워집니다. 또한 어머님세대들을 보면 가슴이 아픕니다. 보릿고개를 지내셨고, 자식들을 위해 모든 것을 내주시면서 당신 몸이 망가지는 것은 안중에도 없으셨기 때문입니다. 더구나 제 고향 순천지역은 그 옛날 여수 순천 반란사건으로 인해 강냉이 죽을 끼니로 때우고, 그 당시 남편들은 폭력행사를 많이 하였습니다. 내적 외적 시련과 고통을 참아내시며 남편과 자식을 위해 살다보니 본인의 존재는 아예 녹아 없어져버리신 그런 세대이십니다. 죽은 후에까지 지옥에서 고통을 받아서는 안 되는 세대이십니다.

강의를 마치고나니 그 교회 여 장로님께서 눈물을 흘리시면서 말씀하셨습니다.

"제가 5년 동안 실버대학을 운영했지만 이렇게 직접적으로 복음을 전하고 영접을 시킨 분은 장로님이 처음입니다."

8
작은 소자에게 한 일

현재 LG데이콤 과장으로 근무하고 있는 지영훈 집사는 제 아들 뻘 되는 사람입니다. 제가 순천중앙교회에서 중고등부를 맡고 있었을 때 학생이었습니다. 그 당시 지씨 형제 4명 중 3명이 모두 교회 다녔는데 한결 같이 성실하고 똑똑했습니다. 큰형 영민은 포항공대를 졸업하고 최대매출을 자랑하는 핑크웨어 시스템 내비게이션 이사로, 영준은 대전 법무관 영준 변호사로 일하고 있습니다.

학생시절 경제적으로 그리 윤택한 편이 아니었으나 지금은 모두들 각 분야에서 성공한 삶을 살고 있습니다. 그런데 그 형제 가운데 영훈이가 '전도왕'에 대한 인터넷 검색을 하다가 순복음교회에서 집회를 하는 제 모습을 발견한 모양입니다. 영훈이는 부천교회에 출석하고 있습니다. 그런데 영훈이가 낙도선교에 사용하라며 50만원을 주고 '두부 전도왕' 책도 50권이나 구입하였습니다. 영훈 형제를 보면 성경속의 요셉이 떠오릅니다. 또 믿음의 사람들을 들어 사용하시고 축복하시는 하나님을 발견하기도 합니다.

지난 4월 11일 제가 전도 집회 차 미국에 있을 때 영훈이의 전화를 받았습니다. 낙도선교를 위해 100만 원을 보내고 싶으니 계좌번호를

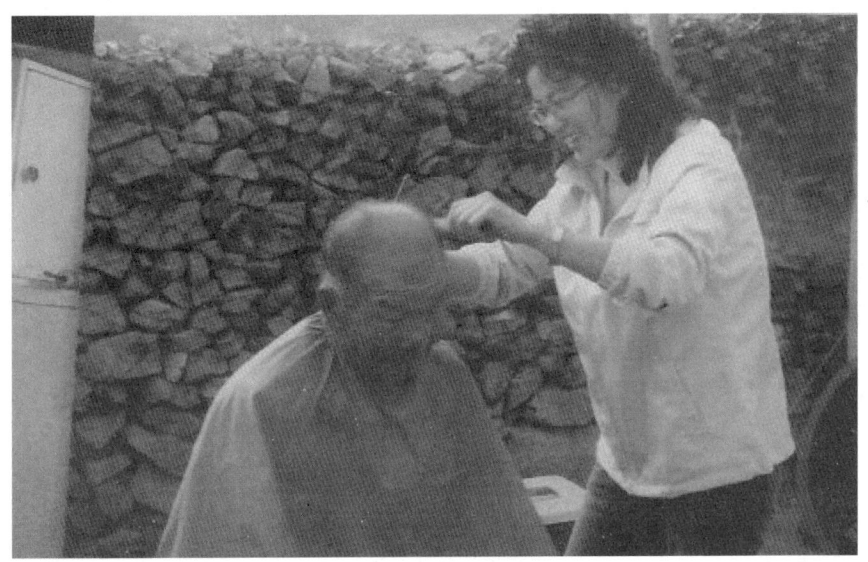
✤ 어려운 형편속에서도 낙도 주민들의 머리를 손질해주는 고 황정식 목사님(사도교회)의 강안숙 사모

불러달라는 것이었습니다. 회사에서 도와주는 것을 맡아서 하는데 기도하다가 떠올랐다는 것입니다. 정 그렇다면 황 목사님의 미망인 강안숙 사모님을 도와주라고 말했습니다. 그랬더니 영훈이는 별도로 100만 원을 강 사모님을 위해 보냈습니다. 영훈이가 순천에 내려오겠다는 말을 듣고 모든 일정을 취소한 후 반가운 만남을 가졌습니다. 하나님의 이름을 위해 인색하지 않은 영훈이를 자랑하고 또 축복하고 싶습니다.

9
승려 박병기 성도 이야기

저는 성령세례를 받고 지난 30년 동안 수많은 사람들을 전도하였습니다. 우상숭배에 빠졌던 사람들과 이단과 사교집단에 빠졌던 사람들, 정치인, 그리고 폭력배와 전과자, 술과 도박, 마약 등 향락에 빠졌던 사람들, 보살과 찬불가 대원, 승려들까지 전도해왔습니다. 그 가운데 작년 11월 중순경 전남 순천시 낙안 온천에서 저희 담임목사님이신 김용태 목사님과 목욕을 하던 중 일곱여 명의 승려들이 목욕탕으로 들어왔는데 그중에서 제일 나이 많은 해광 승려를 만나게 되었습니다.

제가 있는 유황 온천탕으로 들어오는데 그분의 건강상태가 무척 좋지 않아 보였습니다. 배에 복수가 차고 간이 무척 나빠 쇠약해진 몸을 이끌고 탕으로 들어온 것입니다. 저는 전도 십계명을 가지고 말할 때 그들이 몸이 아팠을 때가 제일 전도하기 쉬우며 어느 누구를 막론하고 하나님을 찾고 의지하는 것을 보았습니다.

물속으로 들어오고 있는 해광 승려에게 부족한 종 교회 장로라는 신분을 밝히면서 일생동안 어렵고 소외된 자를 위하여 낙도를 다니면서 생필품과 복음을 전하는 사람이라고 말하였습니다. 그리고 지금도 전 세계를 다니면서 복음을 전파하다가 수많은 사람들이 마음의 상처를 치유하고 평강을 얻고 특별히 육신의 질병으로 고통 받았던 모든 사람들이 하나님의 치유의 은혜로 치료되는 것을 수없이 보아왔다고 간증하였습니다. 그러면서 이 시간에 해광 승려의 건강을 위해서 기도하고 싶다고 말할 때, 탕 안에서 부족한 종의 간절한 기도를 듣고 무릎을 꿇고 눈물 흘리는 모습을 보았습니다.

기도가 끝난 후 성령님께서 제 마음에 '반 장로야, 지금 즉시 이 승려를 영접시키라'는 하나님의 음성이 들려왔습니다. 저는 담대하게 해광 승려에게 '부처님이 신입니까? 하나님이십니까?'라고 물어보았습니다. 그때 평범한 사람일 뿐이라고 대답했습니다. 그래서 '우주만물을 창조하시고 인간의 생사화복을 주관하시는 분은 누구십니까?'라고 또 물었을 때 해광 승려는 '하나님입니다.'라고 답변하게 되었습니다.

그때 제 마음속에 "너는 말씀을 전파하라 때를 얻든지 못 얻든지 항상 힘쓰라 범사에 오래 참음과 가르침으로 경책하며 경계하며 권하라"는 디모데전서 4:2절 말씀이 생각이 나면서 해광 승려에게 이렇게 말했습니다.

"당신이 지금 예수님을 영접하면 일생동안 잘못된 모든 죄와 허물을 용서받고 구원받으며 천국시민권자가 될 수 있습니다."

"이러한 특별한 구원의 은혜를 주신 하나님을 믿고 영접하겠습니까?"라고 말했습니다.

그 말이 끝나자마자, 해광 승려는 물속에서 부족의 종의 두 손을 꼭 붙잡고 살아계신 아버지를 나의 아버지로 예수님을 나의 구세주로 영

✤ 승려 박병기 성도가 전도후 교회에 나온 모습

접하는 놀라운 성령의 역사가 나타났습니다. 그리고 해광 승려의 두 눈에서는 회개의 눈물이 떨어졌으며 구원의 감격을 누리게 되었습니다.

"사람이 마음으로 믿어 의에 이르고 입으로 시인하여 구원에 이르느니라"(롬 10:10)

그분을 영접시킨 후, 김용태 목사님께서 안수할 때 비둘기 같은 성령님이 임하셔서 콧물과 눈물이 뒤범벅되며 회심하는 역사가 일어났습니다. 영접시킨 후 그분의 과거를 물어볼 때, 이름은 박병기이며 합천 해인사에서 순천 송광사에서 그리고 전남 강진 승덕사, 원주 송원사에서 그리고 성철 승려 곁에서도 보좌했던 승려였고, 미얀마, 중국, 일본에서도 12여 년 간 수행한 분이었음을 알게 되었습니다. 특별히 풍수지리에 해박한 지식을 가지고 있던 분이었습니다.

　그날이 금요일이었는데 "정말 당신이 예수 그리스도를 박병기 성도님의 구세주로 영접했다면 이제는 교회를 통하여 예수님을 닮아가는 성화의 길을 걸어야 합니다."고 말하였습니다. 그리고 "내일 모레 주일부터 교회를 나올 수 있겠느냐?"고 물었습니다. 그 말과 동시에 해광 승려는 즉시 답변하여 이틀 뒤 67년 만에 처음으로 저희 왕지교회에 출석하여 등록하였습니다. 그날 목사님께서 소개할 때 직접 나와 간증하며 일생동안 위선적인 삶을 살고 잘못된 길을 걸었던 모든 것들을 고백하며 참회하는 시간이 되었습니다. 예배가 끝난 후 식사를 했는데, 그날따라 돼지불고기가 나와 구애받지 않고 맛있게 먹고 난 후 이렇게 맛있는 음식은 처음 먹어 보았다는 유머스런 이야기를 했습니다.

　그 다음날, 목사님과 류미애 전도사님, 그리고 저와 같이 벌교에 있는 암자와 같은 집에 처음으로 심방을 갔는데 방마다 부적과 우상의 물건들로 가득 차 있는 것을 보았습니다. 심방예배를 드리고 방에 있는 모든 우상을 섬기게 위해서 사용되는 도구들(부적, 종, 목탁, 묵주, 각단예불, 달마도 등)을 회수하여 불에 태웠습니다. 박병기 성도 집에 처음으로 교패를 달 때 너무나도 기뻐하는 모습을 잊을 수가 없습니다. 혼자 살고 있기 때문에 날마다 부족한 종과 전도사님, 그리고 목사님께서 음식과 필요한 생필품과 의약품을 공급해주었고 몸이 아플 때는 광주 복음병원과 순천 성 가롤로 병원을 다니면서 치료받을 수 있도록 최선을 다하여 섬겨주었습니다.

　안타까운 것은 12월경 말에 간경화로 인해 정맥이 터져 각혈을 하여 순천 성 가롤로 병원 중환자실에서 치료를 받던 중 심방을 갔던 우리들에게 이런 유언의 말을 전했습니다.

"목사님, 그리고 장로님, 제가 가지고 있는 벌교의 기와집을 하나님께 바치고 싶습니다."

"그리고 이제 내가 입고 있는 회색법복을 찢고 싶도록 싫습니다."고 말하면서 다른 일반복을 원하는 것이었습니다.

"박병기 성도님, 이번 주일 교회에 나오는 때, 양복과 와이셔츠를 다 준비했으니 걱정하지 마세요"고 말할 때, 어린아이처럼 너무나 기뻐하는 모습이었습니다.

그리고 저희들이 오기전이 꿈을 꾸었다고 하면서 말했습니다.

✤ 승려 박병기 성도가 회심후 건강을 위해 안수받는 모습

"너무나도 아름다운 빛이 곁에 와서 그 빛을 따라갔는데 이 세상에서는 도저히 볼 수 없는 아름답고 상상을 초월한 도시를 보았습니다."
그러면서 하는 말이

"목사님, 저도 그런 곳에만 갈 수 있다면 바로 오늘 가고 싶습니다."
목사님이 말씀하셨습니다.

"그 아름다운 곳은 곧 천국이고 예수님이 계시는 곳입니다. 바로 박병기 성도님이 갈 곳이며, 저희들도 그곳으로 갈 것입니다. 조금도 걱정하지 마시고 건강과 믿음을 잘 지키시기를 바랍니다." 안타깝게도 그 다음날 12시경, 구원의 빛 되신 예수님을 따라 박병기 성도님은 소천하여 영원한 주님의 나라로 떠났습니다. 그가 마지막 때, 자신의 장례식을 꼭 기독교 예식으로 거행해주라는 유언의 말에 따라 왕지교회 모든 성도들과 목사님께서 '박병기 성도님 천국환송 예배'를 드리게 되었습니다.

오늘 박병기 성도는 이곳에 없지만 지금도 천국에서 예수님과 동행하며 감사와 기쁨의 삶 그리고 영광스런 삶을 살고 있을 것입니다.

"하나님은 모든 사람이 구원을 받으며 진리를 아는 데에 이르기를 원하시느니라" (딤 2:4)

10
충무중앙성결교회

그동안 어느 목회자도 어떤 성도도 저를 이끌어준 적도 없었고, 단 한 번도 신문이나 방송, 또는 어느 매체도 저를 홍보하는 광고를 내본 적이 없었습니다. 2010년 10월 24일 〈국민일보〉 '미션라이프'에 목사님들보다 모시기 어려운 평신도 강사들 1,200만의 기독교인 중에서 13명을 선정했는데 하나같이 세계적으로 유명하고 믿음이 좋은 분들이었습니다. 그런데 하나님의 특별하신 은혜로 부족한 종이 13분의 평신도 강사들 중에서 다섯 번째로 선정되었던 것입니다.

또한 올해 2011년 〈목회와 신학〉 최근호에서 '한국교회 명강사' 17개 분야에서 237명을 선정했는데, 전도 분야 평신도에서 SBS 관현악단 김정택 단장과 부족한 종과 황수관 박사님이 선정되었습니다.

예수님을 만나고 난 후 일생동안 가족들로부터 그리고 친구들, 심지어 교회 목회자와 성도들까지도 적당히 신앙 생활하라는 충고와 권면의 말씀을 듣기도 했습니다. 때로는 조롱과 비난과 억지소리까지도 들으면서 오직 일생동안 두 교회를 개척하고 세 개의 성전을 짓게 되었고, 수많은 사람을 전도하면서 구제와 선교에 최선을 다하려고 노력했습니다. 하지만 너무나도 부족하고 연약하여 하나님 아버지의 뜻

✤ 낙도사역을 위해 저희 교회를 방문하신 김철호 목사님 내외분과 세분의 장로님 내외분

대로 살지 못했음을 늘 자복하며 살고 있습니다.

비바람과 태풍과 풍랑주의보가 떨어질 때에도 외로운 낙도에서 우리들을 손꼽아 기다리시는 할머니 할아버지들을 생각하면 꼭 가야할 수밖에 없었습니다. 작년 12월 중순경 제가 태어나서 제일 추웠던 겨울이었는데, 여수 앞바다가 처음으로 얼기까지 했던 날씨였습니다. 그렇지만 15일마다 날짜를 세어가면서 우리들을 기다리고 계신 낙도의 할아버지 할머니들을 생각하면서 출항을 하게 되었습니다.

하와도에 도착하여 모든 생필품과 필요한 의약품들을 공급해주고 예배를 드린 후, 배에 시동을 켜고 운행하려고 했습니다. 하지만 두 엔진 중 오른쪽 엔진이 작동되지 않아 비록 출발은 하였지만 원하지 않는 방파제 옆 큰 바위로 배가 떠밀려 갔습니다. 혹시나 배의 옆 부분이 닿는다면 파선하는 큰 위험성까지 있었습니다. 위험을 무릅쓰고 신바람 낙도선교회 지도 목사님이신 김용태 목사님이 방파제에 먼저 내려 떠내려 오는 배를 붙잡고 밀다가 미끄러져 배와 방파제 사이에 끼여 목숨까지 위험에 처하게 되었습니다. 우리 배의 선미를 견인하기 위하여 어선에서 밧줄을 묶어 놓았는데 기적적으로 어선이 끌고 가는 바람에 방파제와 배 사이에 끼었던 김용태 목사님이 하나님의 특별하신 은혜로 아무 사고 없이 목숨을 건져낼 수 있었습니다.

그리고 바로 얼마 전, 2011년 12월 23일에, 성탄절을 맞이하여 구주 예수의 기쁨을 전하기 위하여 여러 섬에 생필품과 성탄의 케이크들을 가지고 많은 섬들을 다니게 되었습니다. 남면감리교회에서 시무하는 백운호 전도사님 교회를 방문하여 성탄의 선물과 구주 예수 오심의 기쁨을 예배를 드리게 되었습니다. 예배를 마친 후, 출항하려고 하던 차에 큰 파도로 인하여 오른쪽 배에 하단에 구멍이 났지만 다행이 중간부분이라 물이 들어오지 않고 침수되지 않았습니다. 조금만 밑 부분이 파손되었더라면 큰일 날 뻔했으며 배가 가라앉을 수도 있는 아주 위험한 상황이었습니다.

그 어려운 조건 속에서도 소두라도에서 외롭게 목회하시는 소두라교회 양형주 목사님과 황대아 할머니 등 주민들을 전도하고 생필품을 공급하기에 선창가에 배를 대려고 하던 중 풍랑과 바람으로 곁에 있는 어선의 닻줄이 걸려 오도가도 할 수 없을 정도로 어려운 상황이 되었습니다. 오후 5시는 되어가고 벌써 어두컴컴한 밤이 오고 있었습니다. 만일 스크루에 줄이 걸리면 다른 방법이 없고 잠수부를 불러 줄을 끊고 출항해야만 하는데 추운 겨울에 어느 곳에서도 도움을 받을 수 없는 정말 안타까운 상황이었습니다.

　줄에서 벗어나기 위하여 후진하려고 하니 차디찬 바닷물이 후미로 들어와 더욱 위험한 상황이 되었습니다. 같이 동행했던 아산대동교회 박두규 목사님과 사모님, 그리고 두 딸과 우리 낙도선교회 회원들은 기도밖에 할 수 없었습니다. 이 춥고 어두운 엄동설한에도 복음을 전하고 그들에게 생필품을 수년 동안 전했는데도, 정작 본인들의 배의 닻줄을 엉키게 했다는 한가지로 입에 담지 못할 그런 용어를 쓰면서 조롱하고 무시할 때 사도바울이 복음을 전하다가 돌에 맞고 옥에 갇히며 수난을 당하는 그런 모습이 떠올랐습니다.

　그 어려운 상황에도 배에 싣고 갔던 고기와 빵과 생필품들을 그들에게 공급해주고 낙도에서 외롭게 목회하시는 양형주 목사님께 선교비

✤ 낙도에서 빗물을 사용하고 있음을 설명하고 있는 반장로

를 전해드렸습니다. 우리들은 그들을 위해 갔는데 오히려 우리를 조롱하고 입에 담지 못한 욕설을 했던 그들이 바로 나라는 것을 깨달았습니다. 그리고 2000년 전 하늘의 영광을 버리시고 엄동설한에 누울 자리가 없어 베들레헴 마구간 구유에 오셨던 예수님은 우리를 구원시키고 진리와 생명의 길로 인도하러 오셨건만 오히려 우리는 그 분을 비방하고 못을 박았던 것입니다. 그 사람이 바로 저희들이었습니다.

우리 하나님께서는 비가 오나 눈이 오나 때로는 태풍과 풍랑이 일어도 목숨을 담보하고 복음을 전했던 부족한 종을 국내뿐 아니라 국외에까지 수많은 교회를 집회할 수 있도록 축복하셨습니다. 많은 교회를 갈 때마다 먼저 성령께서 함께하여 주셨고 말씀을 전할 때마다 회개하며 회복되는 역사가 나타났습니다. 그리고 교회가 사랑으로 하나 되고 질서로 회복되며 모두가 가슴에 전도의 불을 가지고 각 교회마다 부흥되는 역사가 세계 곳곳에서 수없이 나타났습니다. 집회도중에 있었던 많은 은혜의 말씀이 신바람 낙도선교회 홈페이지 '선교회 나눔터'에 수없이 많이 기록되었습니다. 그중에서 경남 통영에 있는 충무중앙성결교회에서 있었던 성령의 역사를 잊을 수가 없습니다.

지금부터 5개월 전 충무중앙성결교회(김철호 목사)에서 3일 동안 집회를 하였는데 300여명의 모든 성도들이 하나님의 임재하심을 경험했고 모두가 성령 충만하여 매일 밤마다 기도의 불이 끊어지지 않았습니다. 특별히 김철호 목사님은 늘 기도로 성령의 충만한 목회자였습니다. 학생들과 청년들이 밤마다 모여 찬양과 기도로 예배 드렸고, 그 후 2개월 후 다시 한 번 그 교회에서 승려에서 성도로 구원받았던 박병기 성도님이 간증할 때, 모든 성도들이 더욱더 뜨거운 성령의

❖ 충무중앙성결교회에서의 집회인도하는 장면

충만함을 받았습니다. 그 뒤로도 그곳에서 시무하시는 세분의 장로님과 모든 성도들과 성도의 교제를 갖게 되었으며 지금부터 한 달 전 충무중앙성결교회에 총동원주일 강사로 세 번째 말씀을 전하러 갔었는데 너무나도 놀라운 것은 성령님의 강권적인 역사로 지금까지 충무시가 생긴 이래 300명의 교회에서 1,230명이 모여 주님 앞에 감격적인 예배를 드리게 되었습니다.

  교회는 축제의 한마당이었고 기쁨과 눈물의 감동의 시간이었습니다. 지금도 성령 하나님은 하나님 말씀에 순종하여 사랑으로 하나 되고 믿음으로 하나 되고 은혜로 하나 되었을 때 구름 같은 구원받을 백성을 보내주신 것을 우리는 깨닫게 됩니다.

11
살아있는 신유의 역사들

얼마 전, 아산 동천교회에서 집회를 인도하게 되었습니다. 이 교회를 섬기는 이용운 장로님이 계신데 이 장로님은 10여 년 전 교통사고 후유증으로 오른쪽 귀가 전혀 들리지 않았습니다. 집회 기간 중, 1월 9일에 이용운 장로님이 4일 동안 저녁시간에 부족한 종을 픽업하였는데, 부인과 같이 숙소에 들어와 부족한 종이 안수하였습니다. 당시 나타났던 하나님의 역사를 편지로 보내와서 그대로 전합니다.

저는 동천교회를 섬기고 있는 이용운 장로입니다. 이번집회를 통해서 주신 말씀과 장로님의 두부전도로 섬기는 영상을 보고 매 시간 많은 것을 깨닫고 회개하게 하신 하나님 감사합니다. 또한, 장로님의 기도를 통하여 잘 들리지 않았던 오른쪽 귀가 치유됨을 감사하며, 하나님이 살아계심을 체험하게 되어 이렇게 간증합니다.

늘 가정에서 TV소리를 너무 크게 틀고 봐서 가족들에게 피해를 주었습니다. 그리고 전화통화의 대화 속에서 항상 동문서답으로 답변했던 저의 모습이 너무 답답했습니다. 그런데, 이번 집회를 통하여 오른쪽 귀가 열리게 하셔서 오른쪽으로 통화를 잘 할 수 있게 하시니 너무 감사합니다. 부족한 저희 부부에게 장로님을 4일동안 차량으로 모시게 하심을 하나님과 목사님께 감사드립니다.

장로님의 신바람 낙도선교회를 위해서 항상 기도하겠습니다!

또한 이용운 장로님의 부인되는 윤경자 권사님에게도 최근 치유의 역사가 일어났습니다. 윤 권사님이 보내주신 내용을 그대로 전합니다.

저는 동천교회를 섬기고 있는 윤경자 권사입니다. 반봉혁 장로님을 모시고 두부전도 집회를 하는 과정에 귀하신 장로님을 저녁마다 모실 수 있게 해주신 하나님과 담임목사님께 먼저 감사드리면서 장로님에 기도를 받고 사랑하는 남편에 오른쪽 귀가 들려지고 저에게도 기쁨을 주셨습니다.

저는 6개월 전 청주 집근처에서 유방 검사시 유방(양쪽)에 혹이 4개가 있다고 하여 근심 속에 다시 서울현대중앙병원에서 검사를 했습니다. 그러나 역시 혹이 4개 있어 6개월마다 검사하자고 했는데, 어제 남편 몰래 검사를 받는 도중 겁이 났는데 의사선생님께서 고개를 갸우뚱하면서 혹이 깨끗하게 없어졌다면서 1년에 한 번씩 검사하라는 말에 할렐루야!

할렐루야, 전체적으로 그리고 개인적으로 강력하게 기도하여 주심에 감사드리며 부족한 저희가정 치유의 역사가 일어나게 해주셔서 하나님, 목사님, 그리고 장로님 감사합니다. 늘 건강하세요.

동천교회 윤경자 드림

다음은 홍천 내천감리교회 김동일 목사의 간증입니다.

반봉혁 장로님 반갑습니다. 홍천 내천감리교회 김동일 목사입니다.
장로님의 선교사역에 능력과 권능으로 함께 하시는 하나님께 영광과 감사를 드립니다. 장로님의 사역에 더 많은 영혼 구원과 하나님의 크신 영광이 있기를 바랍니다. 지난 2009년 저희 내촌교회에 반봉혁 장로님을 초청하여 전도 집회를 하였는데 함께 나누고 싶은 간증 내용이 있어 글을 올립니다. 저희교회에 금년 73세가 되시는 탁금옥 집사가 있습니다. 이분이 반봉혁 장로님 간증 집회에서 치료 받은 간증의 내용입니다.
2008년 여름에 가끔은 주일도 빼 먹으면서 들의 일을 하시다가 양쪽 무릎을 다친 적이 있었습니다. 대단치 않게 여긴 것이 가을쯤 되면서 걸음을 걸을 수 없는 지경이 되었습니다. 진통제를 복용하며 간신히 지팡이를 의지하여 교회를 오지만 고통스러운 날들이 계속 되었습니다. 수술을 결심하고 춘천에 소재하는 한림대학병원에 가서 진찰을 한 결과 수술이 어렵다는 소견이었다고 합니다.
2008년 12월 다시 원주에 소재하는 원주기독병원에 입원하여 진찰을 받았지만 무릎이 수술할 수 없는 지경이 되었다는 것이었습니다. 크게 낙심하여 있던 때에 저희 내촌교회에서 2009년 2월 25일~27일까지 반봉혁 장로님을 모시고 전도 간증집회를 하게 되었습니다. 나중에 들은 이야기인데 탁금옥 집사님은 3일간 금식하면서 기도하고 있었습니다. 병원에서 치료할 수 없다는데 그렇다면 이번에 꼭 하나님께 치료 받으리라는 각오를 했답니다. 담임 목사인 저는 그냥 전도 간증 집회를 준비 했는데 이분은 치료의 집회를 기대하셨던 것입니다.

26일 저녁 집회(오전)중 반봉혁 장로님께서 여러 간중의 말씀과 함께 아픈 곳에 손을 얹고 기도하자고 하셨습니다. 바로 이 기도하는 시간에 탁금옥 집사님께서 "딸아 내가 너를 사랑한다"는 음성을 들었답니다. 그날 저녁 집에 가서 잠을 자려고 하는데 무릎이 아파오기 시작하는데 너무 고통스러운 것이었습니다. 이분의 말씀인즉 '하나님께서 나를 사랑하신다고 하셨는데 왜 무릎이 이렇게 아픈 것입니까' 하면서 새벽까지 무릎을 잡고 울었답니다. 그러다가 잠이 든 것입니다.

아침에 잠에서 깨어난 집사님은 소변을 보기 위하여 아무생각도 없이 집 앞 마당에 있는 화장실에 갔습니다. 그리고 소변을 보려고 앉아서 생각하니 무릎이 아프지 않은 것입니다. 생각해 보니까 문지방도 기어서 넘어야 하는데 걸어서 화장실까지 온 것입니다. 그리고 벽을 잡고 앉았어야 하는데 그냥 앉은 것입니다. 집사님께서 말씀하시기를 소변 볼 생각도 잊고는 앉았다 일어 섰다를 반복하다가 밖에 나가서 집 마당을 뛰어다녔답니다. 너무 좋았던 것이지요. 반 장로님 기억나시는지요? 27일 오전 집회에 앞에 나오셔서 간증하시는 집사님은 말씀도 잘 못하시고 울기만 하셨지요. 살아계신 하나님의 능력을 체험하신 집사님은 1년이 지난 지금도 예배마다 하나님의 사랑에 감격을 합니다. 예배를 마치면 그분의 눈에는 늘 눈물 자국이 있습니다. 감사한 일이지요. 하나님 덕분에, 그리고 장로님 덕분에 집사님의 섬김에 제가 감격하고 있습니다. 무릎은요? 지금도 청춘입니다. 축구는 못하고 배구는 못하지만 집에서 교회까지 3km 정도 되는 길을 오고 가십니다.

에피소드도 있습니다. 2009년 여름입니다. 저희 교회 뒤에 950m 정도 되는 백우산이라고 있습니다. 이분이 백우산을 넘어서 산나물을 채취를 하러 가고 싶었던 것입니다. 높은 산을 넘을 생각을 하니 아무리 하나님이 고쳐

주셨다지만 불안한 것입니다. 그래서 생각하기를 진통제 먹고 가면 되겠다 싶어서 진통제를 먹고 산에 가려는데 갑자기 무릎이 아파오기 시작을 하는데 걸을 수가 없게 되었답니다. 그 일로 3일 동안 걷지도 못하고 하나님께 회개의 기도를 하였답니다. 회개의 기도를 들으신 하나님은 다시 집사님을 고쳐 주셨습니다.

반봉혁 장로님의 사역을 하나님께서 기뻐하시니 이런 기적을 보여 주시는 것이라 믿습니다. 장로님과 낙도선교회에 관심을 가지시는 분들 더 힘내시라고 저희 교회의 이야기를 올려 보았습니다. 반 장로님! 하나님께 더 큰 영광을 올려 드리시기를 기대합니다. 장로님 뵈러 여수에 꼭 갈 생각입니다. 감사합니다.

  홍천에서 김동일 목사 올립니다.(033-433-3016, kdi7676@naver.com)

12
환갑에 돌아온 성동 3회

저는 30년 전 철야집회를 통해서 하나님의 크신 사랑과 예수님의 십자가의 사랑이 죄악으로 인하여 지옥갈 수밖에 없는 우리를 용서하시고 구원의 길로 인도하신다는 진리를 깨닫고 지금까지 계속 전도해 왔습니다. 그리고 이번에 철부지 어린 시절에 함께 학교를 다녔던 초등학교 동창들이 60년 만에 8명이 교회에 등록하게 되었습니다.

학교시절 대학교 또는 고등학교나 중학교 친구들은 많이 있었지만 초등학교 친구들은 얼마 없었습니다. 왜냐하면 당시에 초등학교 친구들은 당시 남자 한반(50여명), 여자한반(50여명) 밖에 없었고 저희들이 들어갈 때는 순천사범부속국민학교로 시험을 치루고 입학을 했었기 때문입니다. 그러다가 4학년 때 순천에 큰 수해로 인하여 순천 전체가 피해를 입었고 600여명의 사람들이 안타깝게 희생이 되었습니다.

단 두 반밖에 없었던 저희 동창들은 유난히도 결속력이 있었고 항상 멀리서도 서로를 그리워하며 살아왔습니다. 그러다가 10여 년 전부터 순천에 살고 있는 초등학교 동창들끼리 매달 한 번씩 모임을 갖게 되었는데, 안타깝게 저희 동창 중에서 주님을 알지 못하고 사고와 자살로 인하여 벌써 많은 친구들이 이 땅을 떠났습니다. 조금이라도 빨리 복음을 전파했더라면 그들을 천국으로 인도할 수 있었을 텐데 하는 안타까움이 남아있습니다.

저는 하나님의 은혜로 우리나라와 전 세계를 다니면서 복음을 전파하기 위하여 집회를 다니고 있었기 때문에 무척 바쁜 일정이었지만, 50여명 정도밖에 안 되는 성동초등학교 동창들을 가슴에 품고 하나님의 자녀로 구원받기를 원하며 새벽마다 기도하면서 지속적으로 만났습니다. 만날 때마다 어릴 적 별명도 불렀고 50여 년 전의 개구쟁이 시절로 돌아가서 마음껏 웃고 즐거운 시간을 갖게 되었습니다. 그들은 아무도 예수를 믿지 않고 있었기 때문에 술과 담배, 세상적인 말로 대화를 나누었지만 어느 순간부터 식사를 하기 전 기도하고 식사를 하자는 제안이 있었습니다. 그리고 그때부터 꾸준히 하나님 앞에 친구들의 건강과 사업, 그리고 무엇보다 십자가에 달리시고 우리를 구원하신 예수님을 믿을 수 있도록 간절히 하나님께 기도했습니다. 새벽마다 친구 한 사람 한 사람의 이름을 불러가며 주님 앞에 돌아오기를 구하면서……

너무나도 하나님께 감사했던 것은 2011년 초순경 눈물로 기도했던 사랑하는 성동초등학교 친구들(추병진, 김의태, 전종철)이 먼저 등록을 했습니다. 또한 연말쯤 먼 외국에서 사업을 하다가 돌아온 이종석 집사와 방민수 친구도 교회를 나왔습니다. 참 감격스러운 것은 2011년 12월 25일 저희 담임목사이신 김용태 목사님이 주례하고 부족한 종이 보좌하여 먼저 나온 추병진, 김의태, 전종철 친구가 세례를 받고 입교를 했다는 사실입니다. 특히 전종철 친구는 무릎수술을 받은 지 얼마 되지 않아 무릎을 꿇을 수 없는 상황이었지만, 기쁨으로 세례를 받는 모습을 보고 옆에 있던 제가 다시 한 번 하나님께 감사하며 눈물을 흘렸습니다.

동창회 모임이 있을 때마다 기도하고 식사하며 즐거운 담소를 나누면서 모두가 제가 섬기고 있는 왕지교회를 출석하자는 제안이 있었습니다. 일생동안 천주교를 다녔던 장영주(조성혜)친구 부부와 강동훈 친구, 그리고 외지에서 생활하다 최근에 고향으로 돌아온 채영석 친구가 나오게 되었습니다. 특별히 강동훈 친구는 30년 전 제가 예수님을 알지 못할 때 세상 속에서 제일 자주 만나며 탕자의 길을 같이 걸었던 친구였습니다. 30여 년 동안 만날 때마다 예수님이 나의 구세주라고 전도했지만 전혀 반응도 없었고 오히려 반박을 하면서 완고하게 거부를 했던 친구입니다. 그리고 부족한 종이 터미널에서 또는 시내에서 거리 전도하는 모습을 보고 미쳐도 단단히 미쳤다고 손가락질하고 비웃었던 그런 친구였습니다.

2012년 2월 5일 주일 부족한 종이 대표기도를 할 때 한없는 눈물이 나왔습니다. 정말 개구쟁이 시절의 친구들, 메뚜기잡고 개구리를 같이 잡았고, 동천에서 멱을 감으며 즐겁게 뛰어놀았던 친구들이 환갑이 되어 하나님 전에 와서 예배드리는 모습을 보면서 그동안 친구들의 구원을 위하여 기도했던 눈물을 주님께서 받으시고 열매를 맺게 하셨습니다.

예수님께서는 마가복음 16:15에 "너희는 온 천하에 다니며 만민에게 복음을 전파하라"고 하셨고, 십자가 위에 못 박히시며 그 고통 중에도 좌우에 있는 강도들에게 복음을 끝까지 전파하셨습니다. 저는 주님의 그 크신 구원의 사랑을 잊을 수가 없습니다.

　부족한 종도 이제 9명의 친구만 아니라 모든 성동초등학교, 아니 순천시민, 대한민국의 모든 사람, 세계에 있는 모든 사람들이 예수 그리스도를 영접하고 구원받는 그날까지 주님의 모습으로 섬기면서 복음을 전파하겠습니다.

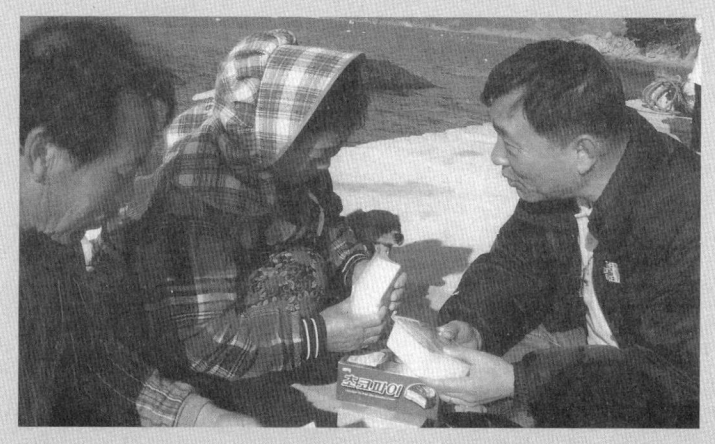

IV

생명줄 낙도선

1
섬에 대한 환상을 깨라

땅 끝의 개념은 무엇일까요? 일반 교통수단을 이용해서는 갈 수 없는 곳이라고 답하고 싶습니다. 또 '섬'이라 하면 일반인들은 무엇을 떠올릴까요? 멀리 푸른 바다와 하늘이 맞닿아 있고, 갈매기가 날고, 바닷바람이 얼굴을 때리고, 밀려오는 파도가 발바닥을 간질이고……. 그러나 천만에! 이것은 환상입니다. 모든 섬들이 영화에서 보듯 낭만적이지는 않습니다. 그 안의 삶은 죽음이 분명하고 끈질긴 생명들이 무관심 속에서 자생하고 있을 뿐입니다. 아직도 환상에서 깨기 힘드신 분들은 저와 함께 이곳 섬들을 밟아보십시오. 그리고 그곳의 물을 마셔 보십시오. 가파른 길을 올라 문풍지가 너덜거리는 작은 집 툇마루에도 앉아 보십시오. 아무도 찾아오지 않지만 혹시나 기다리며 먼 바다를 바라보는 그 노인들의 눈에 비친 자신의 모습을 확인해보십시오.

또 섬 이편에서 공을 한번 차면 훌쩍 뛰어넘어 섬 저편으로 떨어질 것으로 생각하는 사람들도 있습니다. 그러나 섬은 생각보다 큽니다. 그래서 섬 하나를 두루 다니려면 부지런히 걸어야 합니다. 집들이 서로 붙어 있는 것도 아니고 여기저기 떨어져 있기 때문입니다. 때론 등산도 해야 합니다.

이러한 섬에는 외로움과 배고픔, 무엇보다 죽은 영혼들이 있습니다.

시간이 지나 때가 되면 인생사에 종지부를 찍고 한 줌의 흙, 재가 되겠지만 그 영혼이 뜨거운 지옥 불에서 영원히 헤어나지 못할 것을 생각해보십시오. 도시에는 몇 걸음만 떼어도 십자가가 즐비합니다. 집집마다 전도지가 꽂히고, 전철만 타면 '예수천당 불신지옥'이 들려옵니다. 이 모든 외침이 하나의 소음으로 비난받고 있지만 섬의 경우는 다릅니다. 이곳에서 부르짖는 '예수천당 불신지옥'은 그들의 영혼을 천국으로 인도하는 등대역할을 합니다.

그러나 인간성이 살아 있는 곳이 섬입니다. 어떤 때에는 할머니께서 고맙다는 뜻으로 커다란 호박을 주신 적도 있습니다. 섬에 남아 있는 분들은 거의 대부분이 노인들입니다. 이분들의 공통점은 살아온 날보다 살아갈 날이 너무너무 짧다는 것입니다. 제가 뵌 분들 가운데 몇몇 분은 이미 저 세상으로 떠나셨습니다.

시간이 없습니다. 섬의 노인들은 모두 제 부모님과 같습니다. 저를 반겨 뺨을 부비는 할머니들은 곧 제 어머니입니다. 이분들은 진실과 거짓을 본능적으로 분간해냅니다. 그러기에 내 손에 들려진 생필품보다 이 부족한 반 장로를 더 반기는지 모릅니다. 아니 저 반 장로가 아니라 제 안에 살아계시는 예수 그리스도 때문일 것입니다.

2
낙도선교의 정체성

집회를 통해 낙도사역에 대해 이야기 할 때마다 내 머리 속에는 숱한 노인들의 얼굴이 스쳐갑니다. 그분들이야말로 내가 섬겨야 할 어머니요 아버지인 것입니다. 그분들에게 복음을 전하고 생필품과 식량을 전달하고, 몸으로 섬기는 것은 단지 부모님 살아생전 못 다한 효도에 대한 미련 때문이 아닙니다. 노인들을 향한 내 마음은 내 스스로 빚어낸 것이 아니요 하나님께서 내 안에 긍휼을 심어주셨기 때문입니다.

현장 체험 없이는 낙도선교가 불가능합니다. 한 예로 낙도에 내리는 비는 생명수와 같습니다. 그 물을 받아 식수로 사용하기 때문입니다. 더구나 섬 교회는 대부분 문을 닫았고 남은 교회들도 거의 다 문을 닫게 될 위기에 처해있습니다.

그러나 이러한 섬이 한 달에 한 번 정도는 들뜬 분위기가 됩니다. 평소엔 거울 한번 안보시던 할머니들도 오랜만에 몸단장을 하십니다.

"임이라도 맞이하려나?"

그 모습을 보신 할아버지들이 한 마디씩 하십니다. 저와 저의 섬 사역 팀은 섬 할머니들에게 '그리운 임' '반가운 임' 입니다. 저 또한 어머님 아버님을 만난다는 마음으로 섬을 향합니다. 이분들이 복음을

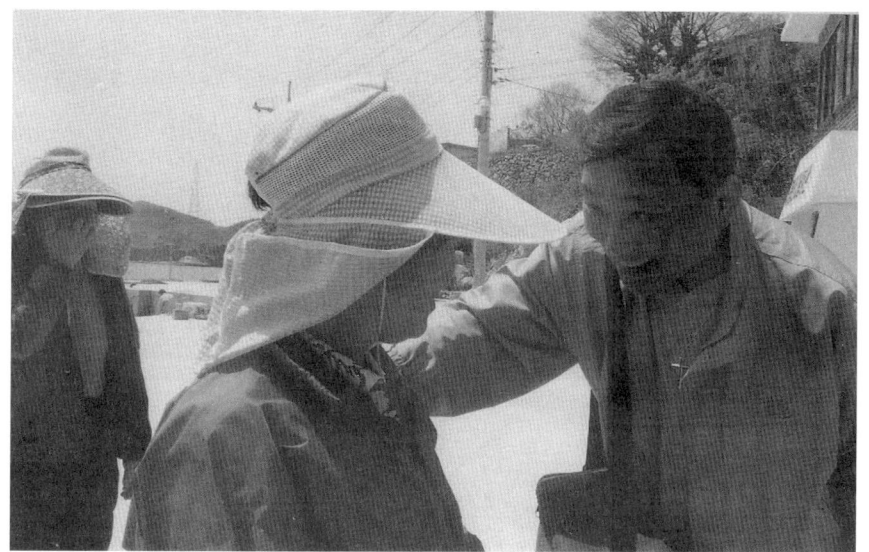
✤ 섬 주민에게 복음을 전하는 모습

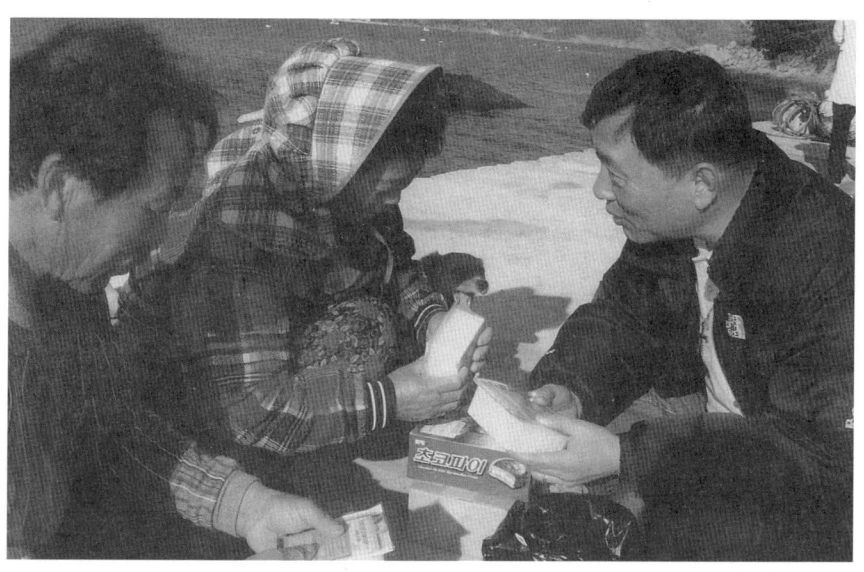
✤ 낙도를 찾아 전도하는 반 장로

IV. 생명줄 낙도선 151

듣지 못해서 지옥에 간다는 것은 도저히 견딜 수 없는 일입니다.

일단 섬에 발을 디디면 반기는 얼굴들과 함께 이곳저곳 둘러보고, 때로는 밭일도 하면서 잡초도 뽑습니다. 할머니들의 어깨도 주물러 드립니다.

낙도선교는 반짝 이벤트가 아니라 장기간의 끈기를 요하는 사역입니다. 한 예로 섬에 방문했을 때 송복님 할머니에게 선물세트를 드린 적이 있습니다. 그런데 2년 동안 그 선물세트를 장 속에 고이 보관해 놓으셨습니다. 왜 사용하지 않으셨냐고 물었더니 한 번 오고 다시는 안 올 줄 알고 아껴두었다고 말씀하셨습니다. 지속적인 관심으로 섬 주민들의 신뢰를 먼저 얻어야 합니다. 또한 성령의 도움 없이 인간적인 의협심이나 열정만으로는 절대 성공할 수 없습니다. 제겐 섬 사역의 노하우가 있습니다. 그동안의 경험과 하나님께서 주신 지혜가 모아진 것입니다.

직접 섬 사역을 해보지 않은 사람들은 배를 타고 섬에 가서 생필품이나 나눠주고 복음을 전하다 휑하니 온다고 생각합니다. 그러나 섬 사역은 육지사역 몇 배로 힘이 듭니다. 예를 들어 운반선이 섬에 일단 도착하면 모든 물건과 짐을 선착장으로부터 각 가정 또는 마을회관까지 팀원들이 손수 날라야합니다.

그리고 물이 귀하니 위생시설 또한 심각합니다. 한 예로 화장실은 플라스틱 통을 하나 묻어놓고 그 위에 발을 디딜 널빤지 두 개를 걸쳐놓았는데 균형을 잘못 잡으면 똥통에 빠지기 십상입니다. 여름이면 그 아래 구더기들이 득실댑니다. 그런데 할머니만 계신 집은 인분처리가 큰 걱정거리입니다. 저희 신바람 낙도선교팀원들은 인분처리도 도맡아 합니다. 지금은 만성이 되어 냄새도 못 느낍니다. 인분을 근처 밭에 뿌립니다.

  밭농사를 지을 때 함께 밭일을 하기도 합니다. 시장 끼가 느껴지면 라면 몇 개를 삶아 먹는데 정말 꿀맛입니다. 그야말로 그분들과 하나가 되는 삶 자체가 전도인 셈입니다. 아직도 풍장(사체를 매장하지 않고 옷을 입힌 채 또는 관에 넣어 공기 중에 놓아두는 장례법)을 하는 곳이 있어 이것을 우연히 본 낚시꾼들이 기겁을 합니다. 그렇지만 정부차원의 방역대책은 전무합니다. 주님의 사랑은 일회용이 아니듯 섬을 방문하는 저희의 사역도 종착역이 없습니다.

3
발대식의 숨겨진 이야기들

　우리 큰 형님은 동생들을 향한 마음이 부모님 못지않습니다. 제게도 마찬가지입니다. 늘 저를 염려하고 챙겨주시지만 제 신앙생활에 대해서는 납득이 잘 가지 않는 모양입니다. 큰형님은 가톨릭신자이십니다. 가톨릭 특유의 시각과 분위기에서 보면 섬 전도를 한다고 분주한 제 모습이 불안해보일 때도 있으실 것입니다.
　저 역시 큰 형님에 대해 서운한 적도 여러 번 있습니다. 어디 한 번 몰입하면 헤어나질 못하는 저를 조금이라도 긍정적으로 보아주셨더라면 하는 바람이 있습니다. 그런데 이번 낙도선교 발대식은 큰형님과 저 사이의 보이지 않는 그 어떤 괴리를 많이 메워주었습니다. 발대식에 형님의 친한 친구 세 분도 함께 참석하셨습니다.
　앞으로는 더 이상 저를 못미더워하지 않으실 겁니다. 사실 저는 제가 하는 일들을 주변 사람들 심지어는 가족에게까지 별로 이야기하지 않았습니다. 교인들에게도 마찬가지입니다. 아마 이번 발대식을 통해 제가 그동안 섬 사역을 했다는 것을 알게 된 사람도 많을 것입니다. 특히 남을 도와준 이야기는 더욱더 그러합니다. 제가 아무리 큰일을 한들 예수님 앞에서는 자랑할 것이 있겠습니까? 그리고 때로는 선한

동기에서 행한 일들이 오해와 원망. 비난의 화살이 되어 제게 날아오기도 합니다. 그때마다 아픔을 느끼기는 하지만 원망을 하지는 않습니다. 십자가상의 예수님을 떠올리면 할 말이 없기 때문입니다. 하나님께서 필요하시면 저를 나를 높이기도 하시고 낮추기도 하시나 저는 잠잠히 그분만 바라 볼 뿐입니다.

최근 들어 저를 초청하는 교회가 부쩍 늘어났습니다. 그러나 저의 우선순위는 마을전도와 섬 사역입니다. 집회를 할 때도 전도를 하고 난 후와 그렇지 않을 때의 차이가 확연합니다.

저의 능력과 에너지는 주께서 주신 땅을 직접 밟으며 복음을 외칠 때 재충전이 되기 때문입니다. 정부에서 다 보조를 해 줄 텐데 굳이 왜 섬 사역을 하느냐고 말하는 사람도 있습니다. 그러나 발이 묶인 채 섬에 살고 있는 노인들의 손에 돈이 쥐어진들 무엇 하겠습니까?

저의 '신바람 낙도선교회'는 정부에서도 할 수 없는 일을 합니다. 낙도주민들에게 무엇이 제일 먹고 싶으냐고 물으면 '자장면' 이라고 말합니다. 자장면을 향한 섬 할머니들의 꿈은 꿈의 지경을 넘어 '한'이 되어 버렸습니다. 또 무엇이 제일 하고 싶으냐고 물으면 '목욕' 이라고 합니다. 현재 그분들을 등에 업고 여수까지 모시고 와서 목욕을 시킵니다. 그러나 배 안에 2개의 목욕시설을 갖춘다면 이러한 고생이 좀 줄어들 뿐 더러 한 칸은 할아버지용으로 또 한 칸은 할머니용으로 동시에 목욕이 가능합니다.

만일 저희 선교회가 20톤 정도의 배를 소유한다면 배 안에서 이 모든 소원을 이뤄드릴 수가 있습니다. 예컨대 배 안에 목욕시설을 갖출 수 있고, 주방을 만들어 요리가사 직접 자장면을 만들어 드릴 수도 있습니다. 그리고 가장 중요한 영의 양식을 위해 성경공부도 할 수 있습니다. 부족한 종은 낙도사역을 위해 25톤까지 운행할 수 있는 해기사 면허증을 땄습니다.

4
낙도선교선 구입과정

한국의 기독교인이 1천만 명이 넘는데도 안타깝게 여수 앞바다에는 기독교 선교선이 단 한척도 없습니다. 오히려 통일교 문선명 집단의 포교선 30여척 이상이 여수 앞바다를 휘젓고 다니는데 부족한 종과 낙도선교회에서는 7년 동안 2톤 가량의 어선을 빌려 타면서 2주마다 다니다가 세 번의 죽을 고비를 넘기기도 했습니다. 한번은 엔진이 붙어 표류했고, 또 한 번은 모든 사역을 마치고 한밤중에 레이더도 없이 운행하다가 50m만 더 진행되었더라면 8만여 톤의 유조선과 부딪힐 뻔 했습니다. 2년 전에는 여수에서 6시간가량 달려가야만 하는 광도 선착장에서 풍랑을 맞이하여 모든 짐이 바다에 빠졌으며, 선교회 회원들까지 목숨이 위태로운 상황까지 갔지만 하나님의 은혜로 살아날 수 있었습니다. 이 같은 절규에 가까운 안타까운 간증을 듣고 미국 롱아일랜드에 있는 성서감리교회 김종일 목사님이 이곳 순천까지 직접 오셔서 안타까워하며 미화 1만 6천 오백불의 헌금을 해주셨는데 이를 통해 오병이어의 기적이 나타났습니다.

2년 전 제천동부감리교회(이현택 목사)에서 폭설이 오는 중에도 3일 동안 전도간증집회를 인도하였는데, 이 목사님께서 말씀이 끝나고

✤ 신바람낙도선교선 구입을 위해 최초로 거금을 헌금해주신 뉴욕성서감리교회 김종일목사님과 사모님

오늘 배 구입하는 것에 동참하자고 눈물로 호소했습니다. 본인 자신도 어려운 처지에 있으면서 마이너스 통장으로 거액의 헌금을 해주셨습니다. 3일 동안 모든 성도들이 참여하여 노란봉투에 그대로 담아서 저에게 주셨는데 제천에서 순천까지 오면서 얼마나 많은 눈물을 흘렸는지 모릅니다.

7년 동안 정말 피눈물 나는 기도와 애절한 우리들의 간구를 하나님께서 들어주셔서 때로는 어린아이 돌 반지부터 일생동안 끼고 다녔던 귀걸이와 반지를 헌금해주셨습니다. 뿐만 아니라 미국 얼바인 임베로니카 집사님은 암 말기에 일생동안 모았던 850불을 헌금해 주셨습니다, 지금도 성전을 짓고 어렵고 힘든 조건 속에서도 오히려 격려와 위로를 해주시면서 큰 헌금을 기쁨으로 섬겨주셨던 박승호 목사님, 그

❖ 배구입명단

리고 우리나라를 오직 전도와 복음전파에 열정을 가지고 최선을 다하고 계신 대전열방교회 임제택 목사님께서 선교회를 위해 헌금해주셨습니다. 또한 미국에서 세계적인 프로골퍼로 활동하면서 어렵고 소외된 사람들을 위해서 바쁜 시간에도 불구하고 헌신하면서 낙도에 큰 헌금을 보내주셨던 최경주 권사님과 김현정 집사님은 잊을 수 없는 분입니다. 얼마 전 강남순복음교회에서 말씀을 전한 후 교회 권사님으로 섬기시는 하이마트 정숙자 권사님이 찾아오셔서 사랑하는 아들 성현석 집사가 보내주었다는 헌금과 손자 성상호를 위하여 헌금뿐 아니라 낙도 사무실에 커다란 냉장고를 사 주셨습니다. 그리고 이름도 없이 빛도 없이 헌신하셨던 구명옥 집사님, 두 분은 먼 곳 낙도까지 오셔서 기쁨으로 섬겨주셨고 지금도 낙도선교를 위해 기도와 선교로 지원해주시고 있습니다. 또한 본인의 틀니를 하기 위해 모아 두었던 돈을 헌금하셨던 함양 광월교회 구본호 목사님, 아산교회 정 권사님, 이 모든 분들이 천사보다 더 귀한 하나님의 사람들입니다.

선교선 구입 동참자 명단

1. 미국, 캐나다
뉴욕 성서감리교회(김종일 목사)
뉴욕 퀸즈한인교회(이규섭 목사)
달라스 중앙연합감리교회(이성철 목사, 최경주 권사, 김현정 집사)
워싱턴 열린문교회(김용훈 목사)
보스턴 비전감리교회(김한성 목사, 허승희 집사)
뉴욕장로교회(양은영 집사)
캐나다 헤브론교회(송철웅 목사)
루인스빌 한인장로교회(오광섭 목사, 정하용 장로, 이정언 집사)
뉴저지 내리감리교회(허승 권사, 허옥자 장로)
뉴욕제일장로교회(조성훈 목사, 송현천 장로, 송수경 권사)
아틀란타연합장로교회(강혜경 권사)
LA 축복선교교회(문병훈, 임효선 집사)

동부 사랑의교회(박성근, 이길옥 집사)

체리힐장로교회(이창호 집사)

벅스카운티교회(김풍운 목사, 성종근 목사)

토렌스장로교회(이우영, 반은희 집사)

시애틀 올림피아중앙교회(우경철 목사, 정균 집사)

얼바인침례교회(한종수 목사, 신동일 안수집사, 임베로니카 집사)

하나로커뮤니티교회(강일용 목사)

뉴욕장로교회(김은영 권사)

오렌지카운티 샘솟는교회(임바울 목사)

인디애나폴리스 은혜한인장로교회(조은성 목사, 조형숙 사모)

인디애나폴리스 엘림침례교회(윤용필 목사)

하트포드제일장로교회(김선만 목사)

아틀란타중앙교회(김연순, 김정임 집사)

시애틀 빌립보교회(최인근 목사)

시카고한인교회(서창권 목사, 이효정 사모)

뉴저지 오메가감리교회(이재덕 목사)

하시엔다브리지교회(장세정 목사)

워싱턴 메시야장로교회(한세영 목사)

훌로턴 은혜한인교회(김다니엘 집사)

뉴욕 할렐루야교회(한기술 목사)

달라스 새미한침례교회(최병락 목사, 양영근 안수집사, 박원석 집사)

뉴저지 온누리교회(변성흠, 장현희, 궁태식, 이원용 집사)

2. 국내

제천 동부교회(이현택 목사, 허승주 장로)

용인 생명샘교회(박승호 목사)

대전 열방교회(임제택 목사)

담양읍교회(조태익 목사)

익산 예안교회(오주환 목사, 이희권 장로, 김장우 권사, 김수현 집사)

논산 중앙교회(최약선 목사)

서울 개포감리교회(안성옥 목사)

충무중앙성결교회(김철호 목사)

함양 광월교회(구본호 목사)

서울 블레싱샘터침례교회(김순자 집사)

서울 대림감리교회(고진경 권사)

인천 큰빛감리교회(권오성 목사)

대전 하늘문감리교회(이명기 장로)

대전 목양교회(김지호 권사)

춘천 새순교회(장선익 장로, 이명숙 집사)

대전 반석교회(이종산 장로)

대전 한소망교회(배종화 목사, 김인희 사모, 배은영 자매)

목포 꿈의교회(김궁희 집사)

대전 샬롬교회(박영숙 권사)

부산 백양로교회(김동현 집사)

여의도순복음 분당교회(구명옥 집사)

목포 창조교회(김경윤 목사)

대구 세광교회(김홍근 목사)

목포 한울교회(김영훈 목사, 김미숙 집사)

제천 동산교회(김일고 감독, 김정문, 정미애 권사)

서울 아현성결교회(양동수 장로)

순천 북부교회(김창중 장로, 양영자 권사)

제천 영광교회(이혁헌 목사)

검단 수정교회(장광자 권사)

대전 가양교회(김기옥 권사, 이규화 집사)

순천 천보교회(이길수 목사)

대전 창대교회(이찬용 목사)

오송 시온교회(반옥남 집사, 김혜성)

아산 대동감리교회(박두규 목사)

공주 우리들교회(권균한 목사, 김남도 장로)

여의도순복음 강남교회(선종구 장로, 정숙자 권사)

서울 온누리교회(선현석 집사, 선상호)

서울 온누리교회(서관식 집사, 선수현 집사, 서병수, 서병우)

인천 동산감리교회(조혁 목사, 김학현 장로, 유수경 권사)

구세군 아현교회(이충호, 김숙자, 강정길, 남기숙 사관)

3. 후원업체

하이마트 선종구 장로, 정숙자 권사

순천 ㈜승주의약품(반봉민 대표이사)

하동 ㈜보천생수(김영헌 장로)

속초 ㈜ 산들바람 김치(이병우 권사)

광양 푸른촌(이종동 권사)

CTS 전남방송(이광명 팀장, 윤희준 PD)

할렐루야 농장(김현병 장로, 박영희 권사)

V

낙도를 찾아서

1
광도

광도는 마치 험한 산과 같아 가파릅니다. 55도 경사 길을 오르시다가 어르신네 두 분이 넘어지셔서 돌아가셨다는 말도 있습니다. 가장 힘든 것은 지게에 가스통을 얹어 이 길을 오르는 것입니다. 그러다보니 어깨에 피멍이 들 수밖에 없습니다.

섬에만 가면 저를 보고 도망가시는 한 할아버지가 계십니다. 그 할아버지는 묘 자리를 보시는 풍수지리에 일가견이 있으신 할아버지셨습니다. 15개 섬의 묘 자리를 도맡으신 분이십니다. 할아버지에게 다가가 말을 걸었습니다.

"할아버지 양지바른 곳에 잘 묻히면 천당에 가나요?" 하니 도망가려 하셨습니다. 그분을 붙잡고 힘주어 말했습니다.

"할아버지 그러지 마시고 오늘 예수를 믿어보십시오! 썩어지면 뼈만 남고 결국 흙으로 돌아갈 육신인데 영혼은 천국에 가야지요."

그러자 할아버지께서는 아무 말씀을 안 하시고 잠잠히 계셨습니다. 100% 복음화가 되었습니다.

사는 사람의 수가 가장 많은 섬이 10명 정도입니다. 광도의 경우 여수에서 3시간 정도 배를 타고 가야 하는데 이곳은 파도가 8미터 정도

✤ 광도에서 예수님을 영접시키고 예배드리는 모습

✤ 풍수지리 잘 보는 할아버지를 영접시키는 모습

✤ 여수에서 2시간 30분 떨어진 광도 전주민 8명을 영접시킴

V. 낙도를 찾아서

✤ 갈때마다 식사대접을 해주시는 선장 박선태, 박도규, 김동심, 염점자 집사님

✤ 5년동안 광도에서 한 영혼을 구원하기 위해 55도의 급경사길을 가스통을 메고 오르는 모습

라 위험할 때도 있습니다. 한번은 배의 엔진에 불이 붙어서 표류한 적도 있습니다. 그 당시 우리 모습을 촬영하기 위해 CTS기자 분들을 포함하여 일곱 분 정도가 탔었습니다. 배를 타고 다니는 것이 얼마나 위험한지 직접 체험하신 그분들이 저를 안쓰러워하시며 안타까워했습니다.

2
추도

추도에는 일제 강점기 때 보통학교를 졸업하신 할아버지(85세 정도)가 한분 계십니다. 일본 말도 잘하시고 섬에서는 제일 많이 배우셨다 하여 목에 힘을 주시는 분이십니다. 그런데 복음전도하기엔 정말 힘든 분이셨습니다. 또 얼마나 머리 회전이 빠르신지 공무원들이 세금을 받으러 오면 돈이 아까워 다짜고짜 일본말로 대응하십니다. 그러면 공무원들이 당황하여 고개를 절레절레 흔들고 가버리기도 합니다. 그래서 그 할아버지에겐 '추도 대통령'이라는 별명이 붙여졌습니다.

추도에는 할머니 네 분이 계신데 제가 그분들에게 복음을 전하려고만 하면 이 추도 대통령께서 방해를 하시는 것입니다. 그러던 할아버지께서 작년에 예수님을 영접하셨습니다. 그 후 어떤 일들이 벌어졌을까요? 추도 대통령이 예수님을 믿으니 네 분의 할머니도 모두 영접하셔서 지금 추도공화

✤ 대구세광교회 김홍근 목사님과 추도에서

국은 100퍼센트 복음화가 되었습니다.

　안타까운 것은 2007년 8월 2일 LA 집회 차 가족이 인천 공항에서 나가려고 하는데 낙도선교회 간사이신 강안숙 사모님께 연락이 왔습니다. 이영식 할아버지께서 혈압으로 갑자기 소천하였다는 말씀과 함께 자녀들이 3명이 되는데 마지막에 '반 장로, 반 장로' 라 불렀다는 이야기를 들었습니다. 10년 만에 저희 가족 전체가 집회 겸 여행을 가는데 그 안타까운 비보를 듣고 애써 참으며 비행기를 탔습니다. 그리고 스튜어디스가 음식을 가져다주었는데 고기를 보고 통곡을 하며 울기 시작했습니다.

　집사람과 아들 웅철이도 저를 달래가며 함께 흐느껴 울었습니다. 그 이유는 13일전 낙도선교를 하면서 추도에 들러 이영식 할아버지와 주민들에게 필요한 모든 생필품들을 공급해드리고 예배를 드렸습니다. 예배를 마친 후 배를 타려고 할 때 이영식 할아버지께서 아주 어렵게 제 등을 만지면서 말을 하려다가 머뭇거리는 모습을 보았습니다. 제가 계속 재촉하며 '할아버지 무슨 부탁이든지 말씀하세요.' 라고 했습니다. 낙도를 다니다보면 할머니 할아버지들이 조그마한 부탁을 가지고도 정말 어렵게 말씀을 하십니다. 사소한 된장, 고추장 그리고 계란 몇 줄이나 약 같은 것들을 부탁합니다.

　저는 그 분들이 부탁한 것들을 소홀히 하지 않고 100퍼센트 들어주며 다음에 찾아올 때 준비해서 갖다드렸습니다. 그런데 그날따라 이영식 할아버지께서 수줍어하며 어렵게 부탁한 것이 다른 것이 아니라 '반 장로님, 다음에 오실 때 돼지고기 한 근만 사다주세요' 라는 말씀이었습니다.

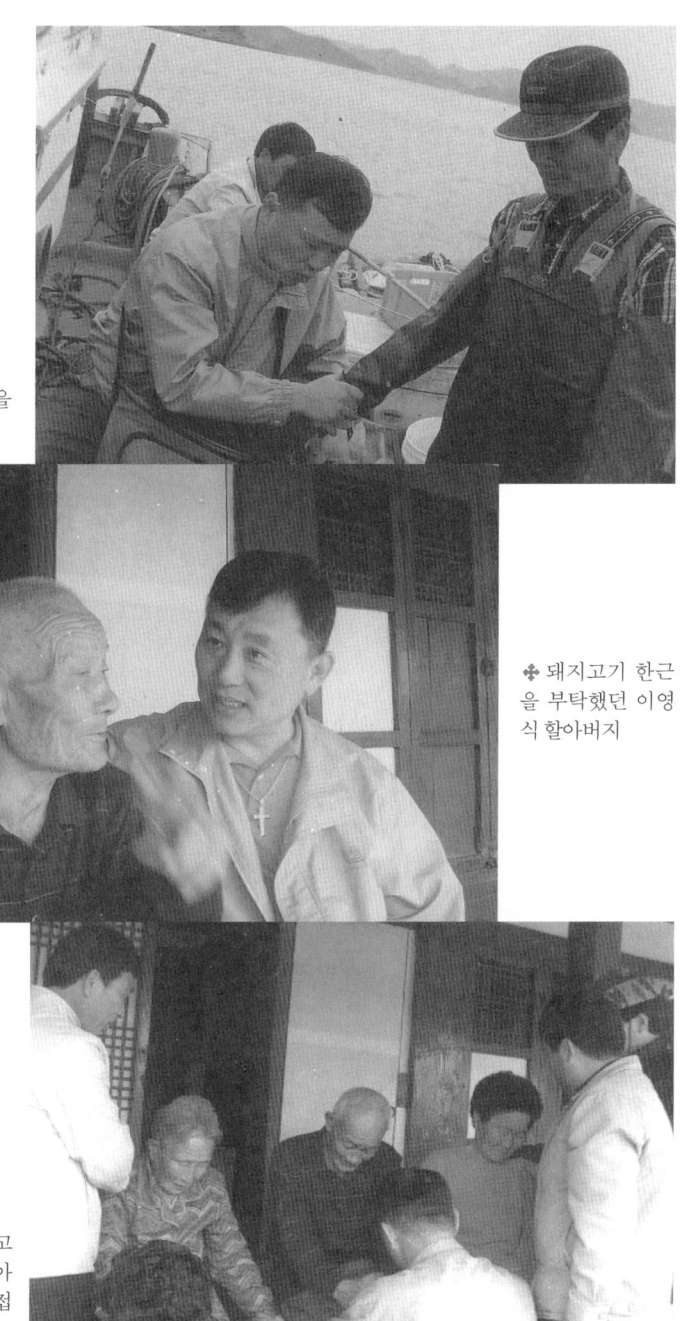

✤ 추도에서 주민들을 영접시키는 장면

✤ 돼지고기 한근을 부탁했던 이영식 할아버지

✤ 돌아가시기 전 고 이영식 할아버지와 아내이신 할머니를 영접시키고 있는 모습

❖ 구정을 맞이하여 추도 어르신들에게 세배를 드리고 있는 낙도선교회원들

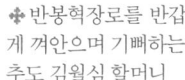

❖ 반봉혁장로를 반갑게 껴안으며 기뻐하는 추도 김월심 할머니

❖ 아산 대동감리교회 박두규 목사님과 낙도선교회원일동

저는 '돼지고기 한 근이 아니라 돼지 다리 하나를 다음에 올 때 꼭 가져올께요'라고 약속했는데 안타깝게 이영식 할아버지가 돼지고기를 못 잡수시고 돌아가셨다는 소식을 들었을 때 얼마나 마음이 아프고 가슴이 찢어지는지 몰랐습니다. 제 가족들과 옆에 있는 모든 분들이 그 이야기를 듣고 함께 통곡했습니다. 제가 추도에 갈 때마다 우리 선교팀을 핍박하고, 지팡이로 때리는 시늉을 하면서 멀리 도망가곤 했던 이영식 할아버지의 부인이 김월심 할머니였습니다. 마지막 할아버지를 만났을 때 이영식 할아버지께서는 "할멈, 장로님이 왜 이곳까지 왔겠는가? 우리들 때문에 두 번씩이나 사고나 날 뻔 했고 죽을 뻔 까지 했던 분이 이 바쁜 시간에 우리 같은 늙은이에게 왜 왔겠는가? 자네도 나랑 같이 예수 믿고 천국가세"라고 강권하였습니다. 그 날,

✣ 추도 김월심 할머니댁에서 예배를 인도하신 김종일 목사님

김월심 할머니가 부족한 종의 손을 붙잡고 예수님을 영접하고 천국시민권자 되었습니다.

평상시 저희들은 2주일에 한번 월, 화요일에 낙도 전도사역을 가는데 제 집회사정으로 인하여 목요일에 낙도사역을 가던 중 추도를 방문하게 되었습니다. 낙도팀들이 추도 선착장에 도착하여보니 정말 안타까웠던 점은 1주일 전 갑작스런 돌풍으로 인하여 외롭고 홀로 살고 계신 조종백 어부가 갖고 있는 두 척의 배가 침몰되었다는 말을 들었습니다. 옆에 계신 다른 분들이 1주일 동안 두문불출한 조종백 어부에게 빨리 가보라는 말을 듣고 급히 집을 갔는데, 그동안 술로 방황하며 낙심하여 살다가 농약을 먹고 자살하려고 했던 찰나였습니다. 하나님께서 낙도선교팀을 급히 보내주셔서 자살하여 지옥에 갈 수밖에 없는 영혼을 살려주셨고 그날 많이 눈물로 회개하고 하나님이 살아계신다는 고백을 하면서 영접하게 되었습니다. 우리 낙도팀 김창식 집사님과 모든 분들이 최선을 다하여 배를 다시 띄울 수 있도록 해주었습니다. 침몰했던 배를 다시 들어 올려 운행할 수 있도록 조치를 해 주었으며 태풍과 비바람으로 거의 폐허가 된 집까지 제천제일교회 안정균 목사님과 성도들의 지원으로 깨끗하게 수리해 주었습니다. 한 영혼을 급히 살려주신 하나님께 감사와 찬양을 드립니다.

추도에는 아주 외롭게 살고 있는 모자가 살고 있습니다. 아들(조정남, 56세)은 오른쪽 다리가 없었습니다. 배를 타고 다니다가 배에서 사고가 나는 바람에 다리는 물론 뇌까지 영향을 받았습니다. 그래서 언어구사가 자유롭지 않고 걷는 것도 힘들어합니다.

그런데 그 불편한 다리로 물을 뜨러 다니니 그 모습을 바라보시는

✤ 추도주민 강호승 원덕순씨를 영접시키고나서

✤ 출항직전 낙도선교회원들

어머니(유선희, 84세- 지금은 제가 유선희 집사라고 부릅니다)의 마음이 어떠했겠습니까? 그래서 빨리 죽고 싶다는 말을 입버릇처럼 하셨습니다. 그러나 예수님을 영접한 후에는 완전히 달라지셨습니다. 지금은 제가 가면 반가워 어쩔 줄을 모르십니다. 그리고 치아가 하나도 없는 입으로 미소를 지으시며 예수님 오실 때까지 살고 싶다고 말씀하십니다. 또한 하나님의 은혜로 여수시에서 제공해준 서민 APT에서 잘 살고 계십니다.

얼마 전에는 아산 대동교회 박두규 목사님 내외와 가족이 낙도선교에 동참해서 낙도를 출항하려고 하는데 그날따라 4m의 파도와 풍랑주의보로 인하여 출항할 수 없다는 예보를 듣게 되었습니다. 그러나 낙도에서 기다리시는 우리 어머니, 아버지 같은 어르신들이 기다릴 거라고 생각하니 출항할 수밖에 없었습니다. 커다란 파도를 뚫고도 피곤한 몸을 이끌고 먼 아산에서 이곳까지 오신 박두규 목사님과 가족들이 너무나도 낙도사역에 동참하는 것에 기쁘고 감사하다고 하였습니다.

우리 낙도팀과 함께 추도에 도착하여 예배를 드리고 생필품을 공급해 주고 있는데 서울에서부터 이곳까지 요양차 왔던 원덕순씨가 그날 우리들이 전한 하나님의 말씀을 듣고 예수님을 영접하게 되었습니다.

3
소두라도

지난 3월 미국 집회 가기 직전 저는 7-8개 섬을 돌았습니다. 그 가운데 '소두라도'가 있는데 약 12명 정도가 거주하고 있습니다. 교회도 있지만 교인은 없습니다. 양형주 목사님(75세)과 가족들이 그 섬을 지키고 있었습니다.

저는 섬에 가기 전에 이따금 세밀한 성령의 인도하심을 체험할 때가 많습니다. 성령님께서 제 마음의 그 어떤 마음을 주셔서 예정과는 다른 행동을 하게 되는 것이지요. 그 날도 웬일인지 양 목사님을 찾아가야겠다는 마음이 생겼습니다. 그리고 쌀을 가지고 가야겠다는 생각도 함께 들었습니다. 마침 배에는 쌀이 몇 부대 있었습니다. 저와 일행은 20kg짜리 쌀부대 3개를 교회로 가지고 갔습니다.

교회로 갔더니 사모님이 아들과 함께 나오시다가 쌀을 보시고 엉엉 우시는 것이었습니다. 저를 아예 끌어안다시피 하면 통곡을 하셨습니다.

"왜 우십니까?"

무슨 일이 있었는지 걱정이 되어 물었습니다. 알고 보니 목사님 댁에 2주 전부터 쌀이 떨어져 쌀을 달라고 가족 모두가 무릎을 꿇고 기도를 했다는 것입니다. 저희 일행 모두가 그 말에 눈물을 흘리지 않을

✤ 남소두라도 황대아 할머니를 영접시키는 장면

✤ 황대아 할머니에게 생필품을 공급해주고 위로해주는 박승호목사님과 이현택 목사님

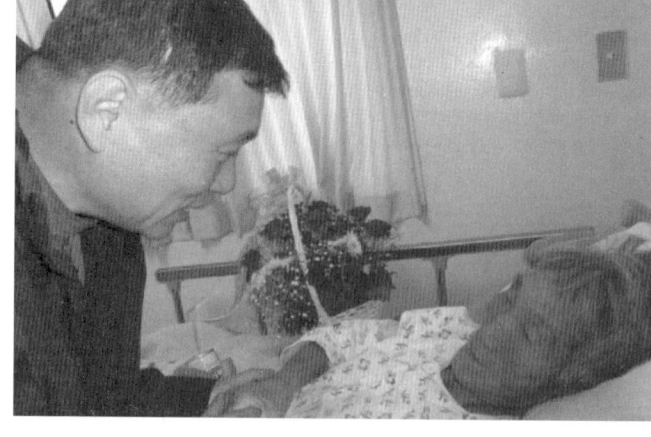

✤ 북소두라도에서 홀로 살고계신 김인조 할아버지를 병문안하는 모습

수 없었습니다. 2주 동안 라면 7개로 버티셨으니 얼마나 허기가 지셨겠습니까?

원래 소두라도엔 100명 이상이 거주했습니다. 그러나 하나둘 육지로 떠나고 보니 소수의 노인들만 남았고, 은퇴목사님이신 양 목사님이 교회를 지키게 되었습니다. 그동안 다른 교회에서 주는 10-20만 원 정도의 보조를 받아 생활을 하셨습니다. 그 이후 꼬박꼬박 소두라도를 들러 사람이 있건 없건 교회에 쌀을 놓고 가게 되었습니다.

추도에서의 사역을 마치고 남면을 가게 되었는데 풍랑으로 인하여 높은 파도가 일어서 부딪혀오는 물결로 인해 앞이 잘 보이지 않았지만 남면까지 무사히 도착했는데 안타깝게 정박하는 과정에서 배가 큰 파도에 밀려 돌에 부딪쳐 오른쪽 선수 부분에 구멍이 나서 침수가 될 뻔 했습니다. 그 어려운 조건 속에서도 물과 전기가 없는 수항도에 들러 곽후방 할머니를 뵙고, 필요한 생필품을 드리고 예배를 드린 후 소두라도로 출항하게 되었습니다.

소두라도에 도착할 때 여전히 거센 파도와 심한 바람으로 인하여 정박하던 중 배가 밀려 옆에 있는 다른 선박의 닻줄이 스크루에 감기는 최악의 상황이 되었습니다. 이 소두라도에는 양형주 목사님이 소두라교회를 시무하고 계시는데 교인이 한명도 없어서 은퇴하신 목사님께서 계시는 곳입니다. 이곳에 계시는 목사님께 매달 선교비와 필요한 모든 생필품을 공급하고 있으며 집집마다 복음을 전파하고 이미용봉사를 합니다. 특별히 제일 위쪽에는 황대아 할머니와 아들 되시는 김종호 성도가 살고 계시는데 집이 오래되어 너무 낡고 수리할 곳이 많아 제천동부감리교회(이현택목사)의 도움을 받아 작년에 집을 수리해

주고 모든 필요한 시설들을 설치해 주었던 집입니다. 항상 소두라도를 어려운 조건 속에서도 예수님의 사랑으로 정성껏 섬겨주고 있는 섬입니다.

127년 전에 이 땅에 오셨던 아펜셀라 선교사님과 언더우드 선교사님, 그리고 지금도 목숨을 담보로 세계 곳곳에서 복음을 전파하고 계시는 선교사님들을 생각하면 우리들의 낙도사역은 너무나도 적고 부족하고 초라할 뿐입니다.

4
자봉도

40여 명 정도 살고 있는 자봉도는 전라남도 여수시 화정면 자봉리에 딸린 섬입니다. 섬의 형상이 큰 새가 앉아 있는 모습과 비슷하여 좌봉도(座鳳島)라고 부르다가 새 중에서도 붉은 새가 길하다 하여 자봉(紫鳳)이라고 개칭하였습니다. 국권피탈 이후 지금의 이름으로 표기하게 되었습니다. 섬은 동쪽의 큰 섬과 서쪽의 작은 섬으로 나누어져 있습니다. 해안에는 해식애가 발달하였고 전체적으로 산지가 많습니다. 주민의 대부분이 농업과 어업을 겸하고 있으나 논농사는 힘들고 주로 밭농사나 나물을 재배합니다.

✤ 전도중 급하게 라면으로 끼니를 때우는 모습

✤ 자봉도에서 전도하는 모습

　이곳에서도 9명이 예수님을 영접했으니 1년 내내 수고하여 거두는 그 어떤 열매가 아닐 수 없습니다. 그런데 어떻게 9명이 동시에 영접을 할 수 있었을까요? 지난 4월 23일 섬을 방문했는데 마을회관 앞에 많은 분들이 모여 있었습니다. 평상시에는 많아야 4-5명 정도가 고작이었는데 그날은 배를 타고 나가 고기를 잡으려 하셨는지 옹기종기 모여계신 것입니다.

　기회를 놓칠세라 얼른 선물공세부터 펼쳤습니다. 두부는 물론 라면, 바나나, 식용유 등을 나누어 드렸습니다. 이제 20분 안에 복음을 확실히 전하고 영접기도를 해야 합니다. 제 딴에는 열정적으로 말씀을 전했습니다.

　"할머니, 할아버지!

"저희는 섬을 다니며 복음을 전하는 전도대입니다. 여러분 모두 언젠가는 다 죽지요?"

모두 그렇다며 고개를 끄덕였습니다.

"그럼 언제가 마지막 날인지 아시는 분 손들어보세요!"

아무도 손을 들지 않았습니다.

"그럼 저승사자는 아시지요?"

반 이상이 안다고 했습니다.

"여러분 때가 있으면 목욕을 하면 깨끗해지지만 우리 죄는 목욕을 한다고 없어지는 것이 아닙니다. 그 죄를 깨끗하게 하실 분은 2천 년 전 십자가에서 돌아가신 예수님 밖에 없어요! 여러분 예수님을 믿으면 저승사자를 따라가는 것이 아니라 천사를 따라가는 겁니다! 마지막 때에 천사 따라 가고 싶으신 분은 손을 드세요"

모두 손을 드셨습니다. 김순동, 강정례, 이신자, 이정배 등 모두 9명과 함께 영접기도를 했습니다. 영접기도를 할 때에는 각자 자기 이름을 부르게 합니다. 옆에서 최채환 목사님도 정완영 목사님, 김경진 목사님도 손을 받쳐주시며 기도했습니다.

얼마 전 자봉도와 남면 선교를 하기 위해 찬양율동팀(12명)과 함께 자봉도에서 마을주민 위로잔치를 하면서 찬양과 율동팀의 워십으로 영광을 돌렸습니다. 한분 한분에게 준비한 생필품과 선물들을 가득 드리고, 모든 주민들이 부족한 종의 손을 붙잡고 예수님을 나의 구세주라고 영접을 시켰습니다. 기쁨으로 남면으로 항해 중 시간이 늦어 밤 운행을 하게 되었고, 여천항을 지나가는데 상상을 초월하는 큰 돌풍을 만나 배가 뒤집힐 것 같은, 즉 바이킹 기구를 탄 것처럼 아찔한

V. 낙도를 찾아서

✤ 조발도 위안잔치

✤ 주민들을 위해 헌신하고 있는 워십팀

상황이 지속되었습니다. 배 안에서는 두려움과 놀람으로 12명의 찬양 율동팀이 처음에는 무서워서 떨다가 얼마 후에는 울부짖으며 하나님께 간절히 안전을 위하여 기도하기 시작했습니다. 그때 조금만 더 큰 파도가 왔더라면 우리 선교선으로는 감당할 수 없는 일이 발생할 수도 있었습니다.

그들은 모두 처음 출발할 때는 하나같이 주님을 위해 죽으러 가자고 다짐했지만 그 다음에 그 분들에게 다시 낙도사역을 가자고 전화했을 때 단 한사람도 동참하는 사람이 없었고 연락도 오지 않았습니다. 낙도사역은 정말 하나님의 은혜로 생사화복을 지켜주지 않는다면 단 1분도, 단 하루도 할 수 없는 사역입니다.

5
화하도

여수 근처의 낙도를 다닐 때마다 너무도 안타까운 것은 '사랑의 원자폭탄'이라고 칭호를 받으신 손양원 목사님께서 두 아들을 공산당원에게 죽임을 당했음에도 불구하고 그 공산당원을 아들로 삼아 순교하신 순교지 여수가 이단으로 인해 물들어가고 있다는 사실입니다. 강력한 이단인 통일교(문선명) 집단들이 여수시와 여수의 모든 섬들까지 50여척의 포교선을 가지고 낙도에 계신 주민들과 할머니 할아버지들을 미혹하여 갈수록 악한 세력들이 뻗쳐가고 있습니다.

그들은 30노트 이상으로 달릴 수 있는 쾌속선으로 무장하여 각 섬들을 다니면서 물질공세와 일본여자들까지 대동하여 주민들을 현혹시키고 있습니다. 우리 낙도선교회를 이끌고 다닐 때마다 그들과 자주 부딪히곤 합니다. 그럼에도 불구하고 감사한 것은 파도와 바람을 이겨가면서 15개의 낙도 섬 중에서 9개의 섬이 100% 복음화 되었고, 나머지 6개 섬도 40% 복음화 되고 있다는 사실입니다.

얼마 전까지 화하도라는 섬에는 화하교회라는 이름의 장로교(합동) 교회가 있었습니다. 그런데 목사님이 2년 전에 사임하셔서 그동안 교회가 없다보니 섬에 있는 모든 주민들에게 악한 영이 역사하여 26명

✤ 여수 화양면 세포리에 있는 통일교 선박계류장과 포교 선박들

중 4명이 자살 및 사고사로 죽었다는 말을 들었을 때 얼마나 안타까웠는지 모릅니다. 하나님의 도우심이 필요한 섬입니다.

6
사도

사도는 여수에서 27킬로미터 정도 떨어져 있습니다. 바다 한가운데 모래로 쌓은 섬 같다 하여 모래 '사(沙)'와 호수 '호(湖)'를 써 사호(沙湖)라 불렀는데 행정구역 개편 때 사도로 바뀌었습니다.

임진왜란 때 성주 배씨가 이곳을 지나다가 해초류가 많아 생계를 유지할 수 있다 하여 정착하였다고 합니다. 보리·땅콩·고구마 등을 재배하고 미역·김 등을 양식하고 약간의 멸치, 쥐치, 전복, 해삼 등을 채취합니다.

해마다 음력 2월 15일경이면 인근 추도와의 사이에 바다가 갈라지는 모세의 현상이 나타납니다. 1년 중 바닷물이 가장 많이 빠지는 이때 마을 사람들은 이곳에 나와 낙지, 해삼, 개불, 고둥 등을 줍습니다.

사도를 방문할 때마다 고 황정식 목사님이 떠오릅니다. 사도에는 이곳에서 사역하시던 젊은 목사님이 계십니다. 그분은 24명을 영접시키고 본인은 위암 말기로 얼마 전 세상을 떠났습니다. (황 목사님에 대한 자세한 내용은 '두부 전도왕'에 소개되었습니다.)

7
소행간도

소두라도 옆에 있는 섬인데 2가구가 있습니다. 모두 4명이 거주하는데 다른 섬을 돌다가 늦어져서 한 밤중에 이곳을 방문한 적도 있습니다. 2가구 밖에 안 되는데도 저를 대하는 태도가 호의적이지 못합니다. 두부를 들고 찾아가는 저를 약장수나 거지취급을 하면서 무시하기도 합니다. 그렇다고 물러날 제가 아닙니다. 그분들에게 일단 사람에 대한 신뢰감을 심어주어야 하기 때문에 지속성을 중요시합니다.

그분들의 이러한 태도가 이해가 가기도 합니다. 이따금 섬을 방문하는 사람들치고 민폐를 안 끼치는 사람들이 드물기 때문입니다. 낚시를 하러, 또는 사진을 찍으러 온 사람들은 오히려 이분들에게 도움을 받고 가기 때문입니다.

저도 처음엔 "아저씨!"로 불리며 냉대를 당했습니다. 그러나 지금은 "장로님!"으로 부릅니다. 일단 제가 "장로님"으로 불리기 시작한다는 것은 소망이 보인다는 것입니다. 저 또한 예수님의 눈과 귀와 마음으로 이분들을 계속 찾아갈 것입니다. 예수님께서 저를 포기하시지 않았기 때문입니다.

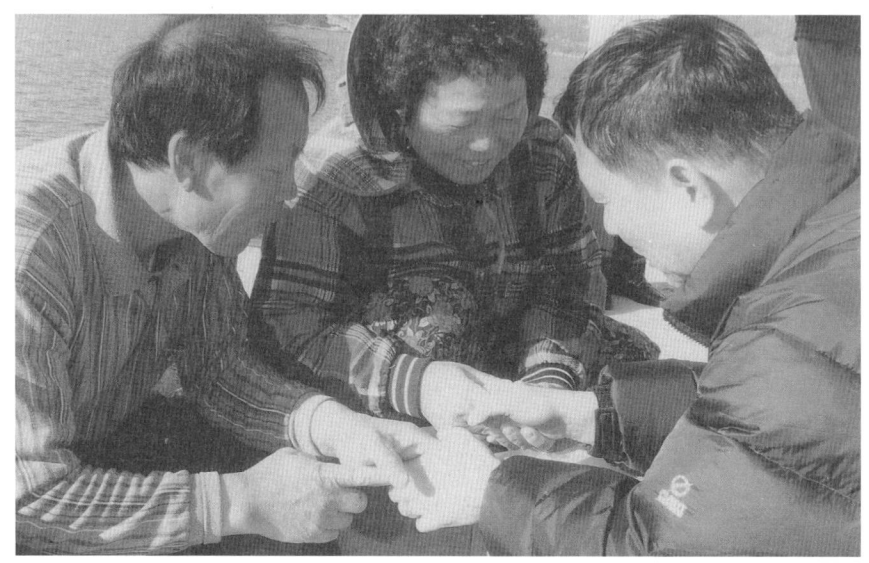
✤ 섬 주민들에게 전도하는 모습

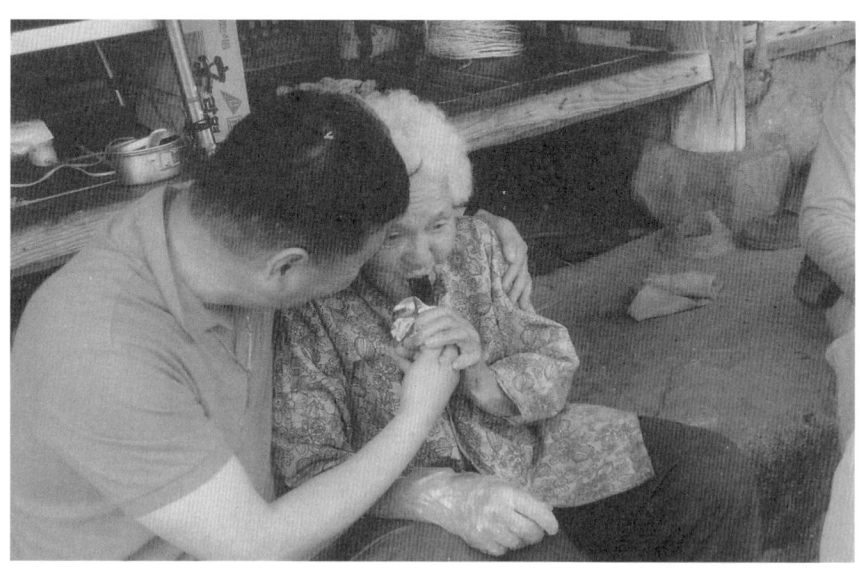
✤ 전도한 후 위로해 주는 모습

8
송여자도

　전라남도 여수 화정면 송여자도라는 조그마한 섬이 있습니다. 6년 전까지는 교회가 없어 안타깝게도 우상과 미신에 사로잡혀 있던 곳입니다. 남자 목회자들도 힘들다고 오기를 꺼려하는 이곳에 원순희 목사님, 정은경 목사님 두 분의 여자 목사님께서 자원하였습니다. 어렵고 힘든 섬 목회를 성실히 사역하여 주민들 중 약 3분의 1을 전도하였고 열심히 목회하고 있었습니다. 그렇지만 섬 특성상 문중 또는 타종교로 인하여 복음의 어려움을 느끼고 있었을 때 하나님께서는 저희 낙도선교회를 이곳으로 보내주셔서 가가호호 전도를 하게 되었습니다. 주민들을 위하여 주민위안잔치 및 전도대회와 비바람과 태풍으로 허물어지고 있는 집들을 수리해주고 개축해주었습니다. 특별히 이 집들을 수리하기 위하여 부족한 종이 서울 구세군 아현교회(이충호 사관)에서 집회를 하는 도중 우연히 참석했던 강정길, 남기숙 사관님이 8년 동안 모아두었던 고액의 헌금을 바치면서도 기뻐하는 그 아름다운 모습은 곧 예수님의 사랑이었습니다.
　많은 집회를 다니고 있으면서 느꼈던 것은 신문이나 또는 매스컴에 광고가 나올 때는 거금을 내면서 겸손한 채, 거짓으로 위선적인 모습을 보이는 모습이 많다는 것입니다. 하나님의 사람들은 오른손이 하는 일을 왼손이 모르는 것처럼, 사르밧 과부처럼, 과부의 마지막 두 렙돈, 막달라 마리아가 일생동안 정성껏 모았던 재산을 가지고 옥합향유를 구입하여 주님 앞에 내어 놓아 발을 씻어 드렸던 것처럼 드리는 모습이어야 합니다. 하나님의 일은 돈 많은 사람, 돈 없는 사람들이 하는 것이 아니라 믿음의 사람, 은혜의 사람들이 헌신하는 것을 보았습니다. 지금도 매스컴에 수없이 기부한 것처럼 보이던 모든 것들은 주님께서 도무지 알지 못하는 것이라고 말할까 두렵습니다.

마태복음 25장 35절부터 37절 말씀대로 내가 병들 때, 내가 나그네 되었을 때, 내가 목마를 때, 내가 옷을 벗었을 때, 그리고 내가 옥에 갇혔을 때 그리고 고아와 과부를 진정으로 사랑한 사람만이 하나님의 사람이라고 말하고 싶습니다. 절규에 가깝게 부르짖고 말씀을 전할 때마다 수많은 사람들이 회개하고 은혜를 받습니다. 하지만 모두가 은혜 받은 것으로 끝나고 말씀에 순종하여 은혜 받은 자의 삶을 살지 못하고 있는 것을 볼 때 얼마나 안타까운지 모릅니다.

교회가 부흥되어야할 이유가 무엇일까요? 사람의 숫자일까요? 재정일까요? 교회의 크기일까요? 아닙니다. 교회가 부흥해야할 이유는 진정한 선교와 전도와 구제입니다. 우리는 성령을 받고 방언이나 통역, 신유의 역사 등을 원하고 또 받았지만 성령을 받고난 삶이 전혀 변화되지 않는 모습을 볼 때 얼마나 안타까운지 모릅니다. 분명 성령의 열매는 갈라디아서의 말씀처럼 사랑과 희락과 화평과 충성과 오래 참음과 자비와 양선과 온유와 절제입니다. 이 말씀은 종합적으로 말하자면 예수를 믿고 내 인격이 예수님의 삶으로 바뀌는 것입니다. 내 삶이 바뀌고 내 생각이 바뀌고 내 입술이 바뀌고 내 꿈이 바뀌는 것입니다.

  성령님이 이 땅에 오신 목적은 영혼사랑과 복음전도입니다. 복음전파를 위해서는 교회가 바뀌고 내가 바뀌는, 곧 주님이 기뻐하는 삶을 살아야합니다. 하늘의 보좌를 버리고 마구간에 오셨던 구주 예수님처럼 저는 많은 목회자들도 존경하지만 특별히 세상적인 모든 부귀영화를 버리고 낙도오지까지 찾아오셔서 오직 하나님께서 주신 은혜로 송여자도 주민들을 섬기면서 복음을 전하는 원순희, 정유경 목사님을 잊을 수가 없습니다. 엄동설한에도 허름한 옷차림으로 주민들을 위하여 음식을 나르고 생필품을 나르면서 단 한명의 주민이라도 복음을 전파하기 위하여 그들의 모든 외환과 고통도 들어주고 손과 발이 되어 때로는 누나처럼 어머니처럼 그리고 예수님같은 마음으로 숭고하게 헌신하시는 두 분의 목사님께 진심으로 감사를 드립니다.

  2011년 12월 26일 6시 30분경 송여자도 원순희 목사님께서 저에게 문자를 보내주셨는데 일생동안 부족한 종이 일생동안 제일 기쁜 성탄의 소식이었습니다.

"장로님, 성탄절 기쁘게 보내셨는지요? 마을 주민 35명중 27명이 함께 성탄예배를 드렸습니다. 외출중인 사람과 입원중인 환자, 바다에 나간 사람을 제외하고 거의 다 나왔습니다. 섬에 남아있는 30명중 27명이 예배를 드렸습니다. 계속 함께 갈 수 있도록 기도해주세요, 반 장로님의 섬겨주심의 열매입니다. 하나님께 영광을 돌립니다. 김용태 목사님과 낙도선교회 회원들에게도 기쁨의 소식을 꼭 전해주세요"

✤ 9호집을 짓고 기뻐하는 곽기현집사님과 송여자도교회 원순희목사님, 정은경목사님 그리고 낙도선교회 회원들

✤ 구세군아현교회 강정길 사관, 남기숙 사관의 선교헌금으로 지어진 낙도 사랑의 집 10호 개축예배기념

✤ 김병길 형제의 낙도 10호집을 짓고 부모님을 영접하는 모습

✤ 속초 조양감리교회에서 2주마다 김치를 공급해주는 산들바람 김치 대표 이병우 권사님과 선교회 회원들

✤ 송여자도교회 원순희 목사님, 정유경 목사님 선교를 마친 후

✤ 송여자도에서 복음을 전파하는 원순희, 정은경 목사님

송여자도 모든 주민들이 예수님을 영접할 수 있었던 것은 하나님의 놀라운 은혜이며 송여자도에서 주야로 기도하며 헌신했던 두 분의 천사와 같은 목사님들 때문입니다. 두 채의 집을 수리하기 위해, 아침 새벽 6시 30분에 출발하여 섬 달천에서 모여 분주하게 짐을 배에 실으며 행복한 미소를 짓고 있는 선교회 한 분 한 분들이 하나같이 믿음의 동역자들입니다. 새벽 물살과 파도를 헤치며 차가운 바람을 맞으면서도 찬양으로 영광 돌리는 모습이 아름답습니다.

송여자도에 도착하여 약 200미터의 길을 땀을 뻘뻘 흘리면서 짐을 나르고 비바람과 태풍으로 황폐화된 집들이 우리들의 수고로 인하여 새롭게 개조되면서 아름답고 완벽한 새집으로 완성되었을 때 그 헌신의 기쁨은 이루 말할 수 없습니다. 그동안 비가 새고 바람이 들어오고 어려운 조건 속에서 기거했던 9호집 곽기연 집사와 10호집 김병길 형제의 기쁨이 넘쳤고 아버지와 어머니가 저의 손을 붙잡고 예수 그리스도를 영접하게 된 모습을 볼 때 얼마나 하나님께 감사를 드렸는지 모릅니다. 한 집이 지어지기까지는 귀한 헌금을 드린 분이 계셨고 몸과 마음으로 헌신했던 선교회원들이 있었고 그들을 위해 맛있는 음식을 제공해주신 여집사님들과 공사를 할 수 있도록 권면해주신 송여자도의 원순희 목사님과 정은경 목사님이 계셨습니다. 각자의 사역은 다르지만 로마서 8장 28절 "하나님의 사랑하는 그 뜻대로 부르심을 입은 자들은 모든 것이 합력하여 선을 이루느니라"는 말씀처럼 하나님 안에서 사랑으로 하나가 되는 아름다운 모습이었습니다.

집 공사를 위하여 리모델링하는 가운데 항상 모범적으로 저희들을 사랑으로 이끌어주시고 헌신해주신 왕지감리교회 김용태 목사님, 그

❖ 위안잔치후 모두 예수님을 영접하고 난후 기념촬영

❖ 주민들과 함께 하나님을 찬양하며 춤을추고 있는 모습

❖ 주민들에게 맛있는 음식을 대접하고 있는 선교회 회원들

리고 경남 함양에서 광월교회를 섬기는 구본호 목사님과 산천남사교회 이석주 목사님, 함안 안위교회 최상철 목사님, 이 세분의 목사님들은 꼭두새벽부터 먼 길을 늘 기쁨으로 달려오신 분들입니다.

온몸에 땀을 흘리며 페인트를 칠해주셨던 진주 영광교회 권오창 권사님, 우리의 모든 사역을 글과 사진으로 헌신하는 강안숙 사모님, 목숨을 걸고 모든 일에 최선을 다하는 사무총장인 조영경 집사님, 신참으로 기쁘게 섬겨주셨던 이종석 집사님, 먼 서울에서 낙도 오지까지 오셔서 찬양으로 섬겨주셨던 분당지구촌교회 이은희 집사님과 함께 한 많은 워십팀, 낙도주민들을 위로잔치와 전도집회를 위해 주기적으로 헌신해주신 대구봉덕교회 박성순 목사님, 낙도의 집을 수리할 때마다 총책임자로 헌신하셨던 유길용 성도님, 낙도 주님들을 위하여 맛있는 음식을 정성껏 준비해주신 양영자 권사님, 윤미애 전도사님, 조은혜 전도사님, 이명숙 집사님의 수고가 너무나도 컸습니다.

송여자도 교회를 섬기고 있으면서 배로 헌신하고 모든 물건을 기쁨으로 나르던 김현철 집사님과 우리 낙도팀들이 갈 때마다 맛있는 음식을 최선을 다하여 대접해주셨던 김춘자 집사님 이 두 분들은 사도 바울을 도왔던 브리스가와 아굴라와 같은 믿음의 부부들이라 할 수 있습니다. 이 모든 분들이 하늘의 별처럼 빛나는 하나님의 종들입니다.

9
남면

지난 10여 년 동안 낙도를 격주간으로 다니면서 어려운 고비도 있었지만 하나님께서 항상 함께하여 주심으로 생과 사의 길에서도 지켜주시고 보호해 주셨습니다. 선교선이 없을 때 늘 배를 임대해서 낙도를 찾았는데 어느 한번은 풍랑주의보로 인하여 도저히 배를 출항시킬 수 없다는 선장의 간곡한 만류로 9년 낙도사역 동안에 딱 한번 가지를 못했습니다. 태풍과 풍랑주의보가 발효될 때는 해양경찰서 파출소에서도 절대로 출항허가서를 발급해주지 않았지만 2주마다 우리 낙도팀을 목놓아 간절히 기다리고 계시는 할머니, 할아버지들을 생각하면 도저히 가지 않을 수가 없었습니다. 그동안 3-4m 파도를 헤치고 나갈 때 곧 덮칠 것 같은 큰 파도를 만날 때마다 찬송가 406장 찬양을 부르곤 합니다.

"곤한 내 영혼 편히 쉴 곳과 풍랑 일어도 안전한 포구 폭풍까지도 다스리시는 주의 영원한팔 의지해 주의 영원하신 팔 함께하사 항상 나를 붙드시니 어느 곳에 가든지 요동하지 않음은 주의 팔을 의지함이라"

이 찬송가를 부르면서 십자가에 달리신 주님의 사랑을 생각합니다.

이 남면교회는 백운호전도사님 내외가 쌍둥이 자매를 포함한 4자녀를 두고 있는데 대전이라는 큰 도시에서 생활하다가 하나님의 특별하신 부르심으로 가장 남쪽의 낙도인 남면교회를 자원하여 헌신하여 부흥하고 있는 교회입니다. 이 남면교회는 18년 전 개척되었는데 오랜 세월동안 비바람과 태풍으로 인하여 비가 세고 여러 곳이 파손되어 안타까워하던 중 작년과 올해에 걸쳐 제천동부감리교회 이현택 목사님과 성도님들이 먼 길을 마다하지 않고 기쁨으로 남면교회 지붕 및 화장실, 세면장과 기타 필요한 부분 일체를 수리해 주셨습니다.

작년에 여수가 생긴 이래 제일 많은 비가 내렸지만 단 한 방울 비도 세지 않았다며 감격해 눈물을 흘리며 기뻐했던 백운호 전도사 부부의 간증이 있었습니다. 제천동부감리교회 이현택 목사님은 제가 만난 분들 중에서 성령의 인도하심에 따라 즉시 어렵고 소외된 자들을 섬기고 헌신하신 귀한 목사님이십니다.

10
생명을 건 낙도사역

인간의 생사화복은 오직 하나님께서만 주관하신다는 것을 깨닫게 됩니다. 단 1분1초도 하나님께서 지켜주시고 보호해주지 않는다면 살 수 없음을 날마다 고백하고 다닙니다.

사도 옆 추도에 홀로 외롭게 고기잡이를 하고 있는 조종백 성도님(64세)이 살고 계십니다. 이분은 5년 전 가지고 있던 어선과 보트가

✤ 짐을 싣고 있는 퀴즈한인교회 이규섭 목사님과 낙도선교회원들

폭풍과 풍랑으로 인하여 침몰하여 삶의 의욕을 잃어버리고 낙심하여 술과 우울증으로 생을 마감하려고 하고 있었습니다. 다행히 저희 신바람 낙도선교회를 통해 복음을 듣고 예수님을 만나 신실한 신앙인의 길을 걸어가는 분인데 살고 있는 집이 태풍과 비바람에 낡아서 더 이상 기거할 수 없을 정도로 폐허가 되어 있었습니다. 마침 제천제일교회 안정균 목사님과 교우들의 선교헌금으로 집을 수리하기 위하여 2012년 1월 13일 아침 7시에 여수 소호선착장에서 출발하려고 시동을 거는 순간 왼쪽엔진은 잘 걸렸지만 오른쪽엔진은 전혀 걸리지 않았습니다. 여러 방법으로 시동을 걸려고 시도했지만 2시간이 넘게 실랑이만 벌일 뿐 다른 방법이 없었습니다. 함께 선교를 가기 위해 동참한 김용태 목사님, 강안숙 간사님, 조영경 사무총장님, 산청 남사교회 이석주 목사님, 함양 광월교회 구본호 목사님, 권오창 권사님과 특별히 멀리 미국 뉴욕퀸즈한인교회 이규섭 목사님과 함께 시동이 걸려주기를 하나님 앞에 통성으로 간절히 기도하였고 기적적으로 시동이 걸렸습니다.

 각 섬에 나눌 선교물품을 싣고 저희들과 같이 집수리를 할 일꾼들(책임자 유길용)이 기다리고 있는 백야도로 가서 그곳에서 수리할 모든 자재들을 실었습니다. 그날 집주인인 조종백 성도가 본인의 배로 모든 자재를 싣기로 했는데 지병으로 인하여 급히 병원에 입원하는 바람에 5톤 정도 되는 자재들을 무리하게 선교선 선미에 싣게 되었습니다.

 모든 자재를 싣고 추도를 향해 운항하고 있는데 너무 많은 자재를 실어서 30노트로 달려야할 배가 10노트의 저속으로 달릴 수밖에 없었습니다. 추도를 향해 3분의 2정도의 지점을 가고 있을 때 강안숙 간사님의 다급한 소리가 들렸습니다.

"목사님, 배에 물이 들어오고 있어요"

깜짝 놀라 배 밑바닥을 보니 벌써 침수가 삼분의 일 정도가 진행되어 계속 물이 솟아오르고 있었습니다. 그것을 보는 눈간 너무 당황하여 응급조치로 모든 선교회원들에게 구명조끼를 급하게 착용시켰으며 해양경찰에게 SOS를 치려했지만 당황하여 전화번호도 생각이 나지 않았습니다.

"하나님, 선교선이 침몰하지 않도록 저희를 지켜주시고 보호하여 주십시오"

모두가 정말 간절히 울부짖으며 기도했습니다. 엎친 데 덮친 격으로 그날따라 물이차면 자동으로 물을 뿜어내는 자동빌지가 고장이 나서 작동이 되지 않아 화장실까지 침수가 되었습니다. 응급조치로 모든 양동이들을 동원하여 물을 계속 퍼내었지만 폭포수처럼 솟아 들어오는 물을 감당할 수 없었습니다.

사고의 원인은 2주일 전 남면 금오도에서 사명을 가지고 목회하는 남면교회 백운호 전도사님과 가족들에게 생필품을 공급하려고 부두에 접안할 때 큰 풍랑으로 인해서 우측 물 위의 선미 쪽이 구멍이 났었습니다. 평상시에는 그 부위가 물에 들어가지 않지만 그날 과적을 해서 그 구멍이 물 밑으로 들어가 침수가 되었던 것입니다.

추도 삼분의 일 지점을 남겨놓고 너무나 당황하여 배는 포기하고 승선한 13명의 회원들을 살리기 위하여 최대한 가까운 무인도로 가고 있었습니다. 그동안 낙도선교선 구입을 위하여 또 부족한 종을 위하

✤ 선교선이 시동이 걸리지 않아 간절히 기도하는 모습

✤ 물이 잠겨 있는 낙도 선교선 내부

✤ 배가 침수되고 있는 광경을 보고 있는 구본호 목사님

✤ 침수되어가는 배에서 물을 푸고 있는 조영경 사무총장과 회원들

✤ 침수되어가는 낙도선교선을 관광선이 우연히 와 물을 퍼주고 있는 모습

V. 낙도를 찾아서

여 기도해 주셨던 목사님과 성도님의 얼굴들이 주마등처럼 스쳐 지나갔습니다. 하나같이 숙연한 자세로 눈물로 기도해주는 사랑의 모습들이었습니다. 짧은 시간이었지만 이제 모든 사역을 할 수 없을 것이라고 생각하니 한없는 눈물이 나왔습니다. 일생동안 부족한 종을 위하여 그리고 낙도사역을 위하여 가깝게는 한국에서부터 멀리 미국과 캐나다에서 기도와 선교헌금으로 섬겨주었던 천사 같은 모든 분들이 생각났습니다. 우왕좌왕하는 긴급한 상황에서도 하나님께서는 부족한 종에게 세밀하게 엔진룸인 기관실을 확인해보라는 감동이 와서 기관실을 확인해보니까 다행히 기관실에는 한 방울의 물도 들어오지 않았습니다. 침수가 되지 않았음을 배를 조종하고 계신 목사님에게 말하고 목적지인 추도까지 무리해서라도 가자고하여 계속 물은 들어오고 있어 속력은 더욱 줄어들었지만 하나님의 은혜로 기적적으로 추도에 도착을 했습니다.

즉시 모든 회원들이 일사분란하게 전심을 다하여 5톤의 자재를 섬에 하역하였습니다. 무인도 같은 추도에 평상시에는 전혀 오지 않았던 관광선이 관광객들을 싣고 잠시 머물게 되었는데 선장인 사도교회 김장수 집사님이 우리들의 배가 침수되고 있다는 위급한 상황을 알고 본인의 배에 있는 자동빌지를 급하게 작동시켰습니다. 침수되어있는 선교선 내부의 물을 2시간동안 모두 빼내어 기적적으로 침몰의 위기에서 벗어날 수 있었습니다. 정말 1분1초도 틀리지 않는 여호와 이레의 하나님께서 예비된 천사를 보내주신 것입니다.

그 어려웠던 모든 상황에서도 사랑의 집짓기 11호집을 짓게 하여 기쁨으로 짐을 날랐고 그 와중에서도 최근에 서울생활을 정리하고 추도

✤ 급히 추도에 도착하여 합심하여 물품을 옮기는 모습

✤ 집을 수리하기 위해 짐을 나르고 있는 선교회원들

✤ 허기진 배를 채우기 위해 퍼진 라면을 맛있게 먹고 있는 낙도선교회원들

V. 낙도를 찾아서 207

❖ 수리하기전 11호집

❖ 수리하고나서 11호집

❖ 배사고의 어려움중에서도 낙도사랑의집 짓기 11호집을 완성하고 나서 기념촬영하는 모습

에 와있는 강호승, 원덕순 부부에게 복음을 전파하고 주님을 영접시켰습니다. 특별히 감사한 것은 정말 오랜만에 고국에 오셔서 모든 바쁜 일정을 포기하시고 낙도선교를 위하여 직접 짐을 즐거운 마음으로 운반하시고 퍼진 라면을 먹으면서도 행복해하시는 뉴욕 퀸즈한인교회 이규섭 목사님을 잊을 수가 없습니다. 이 목사님은 다음날 서울 가시기 전에 어제 있었던 일을 이야기하시면서 선교선 화장실을 사용하러 들어갔다가 화장지가 걸려 있는 곳까지 침수되어있는 것을 보시고 깜짝 놀랐으며, 그 상황이 얼마나 위급한 상황이었는가를 말씀하셨습니다. 그리고 그런 위급한 상황에서도 임마누엘 하나님이 함께하심으로 담담할 수 있었다는 간증의 말씀을 해 주셨습니다. 많은 미국에 있는 지인들이 관상동맥수술로 인하여 절대안정이 필요하다고 낙도에 가시는 것을 반대하셨지만 그럼에도 불구하고 예수님의 사랑으로 직접 찾아오셔서 그런 위급한 상황을 경험하면서도 오히려 우리 낙도팀을 위로해 주시고 격려해 주심으로 큰 힘이 되었습니다.

하나님께서는 이런 천사 같은 분들을 통하여 하나님나라가 확장되고 복음을 전하도록 축복하셨습니다. 다니엘 12:3 말씀처럼 "많은 사람을 옳은 데로 돌아오게 한 자" 다시 말해 낙도사역을 위하여 사랑과 희생으로 헌신하는 모든 분들을 별처럼 빛나게 하실 것입니다.

집을 수리하는 인부들에게 모든 뒷바라지를 다해주고 선교사역지인 송여자도로 달려갔습니다. 그곳은 원순희 목사님과 정은경 목사님께서 일생동안 여자의 몸으로 홀로 사십니다. 교회도 없고 복음을 들을 수 없는 송여자도에 6년 전 오셔서 목회사역을 펼치고 계신 곳입니다. 2011년에 신바람 낙도선교회에서 그 섬의 두 집을 수리해주고 주민위로잔치와 전도대회를 통해서 섬겨 왔습니다. 그동안 11명 정도 출석하는 교회에서 이번 성탄절에는 마을에 살고계신 30여 명 중 2명은 바다에 나갔고 한명은 몸이 아파서 못 나왔고 나머지 27명 전체가 성탄절주일에 교회에 나왔다는 감격적인 메시지를 받게 되었습니다. 다시 한 번 크신 하나님의 사랑에 감사드리며 원 목사님과 정 목사님, 부족한 신바람낙도선교회 모든 회원들을 생명 살리는 구원의 도구로 쓰임 받게 해주신 하나님께 감사와 찬양과 영광을 돌립니다.

그날 오후 3시경 송여자도에 도착하여 설날에 쓸 수 있도록 고기 및 생필품을 공급해 드리고 예배를 드린 후 다음 선교지인 조발도교회(김재용 목사)를 향해 급하게 30노트로 달려가던 중 갑자기 스크루 쪽에서 무엇인가 꽝 부딪히는 소리가 들리고 난 후 스크루가 이상이 생겨 계속 소리가 나면서 운항이 불가능해질 정도가 되었습니다. 6노트의 저속으로 겨우 추도에 도착하여 작업을 끝낸 모든 인부들을 태우고 오는데 헤드라이트도 고장이 나고 달빛도 없어 한치 앞도 보이지 않는 어두운 밤 운행을 하게 되었습니다(배 운항은 안개 낀 날과 밤 운항은 사고와 연결됨으로 절대금물).

배 조종은 저희 담임목사님이신 김용태 목사님이 하고 앞이 전혀 보이지 않아 선미에는 사무총장인 조영경 집사가 칼바람보다 더 매서운 겨울바다바람을 다 맞아가며 바다에 플래시를 비치고 있었습니다. 부족한 종은 2층 조종석에서 구본호 목사님과 좌우를 살펴가며 무전으로 교신하고 앞뒤에서 계속 세어 나오는 물을 권오창 권사님과 선교회원들이 최선을 다하여 퍼내었습니다. 30분이면 족한 거리를 3시간여 만에 도착하여 밤 9시경 소호선착장에 무사히 도착했습니다. 오는 과정에 많은 스티로폼들과 그물 및 수많은 장애물들도 있었지만 온몸과 정성을 다하여 두 손이 얼고 그 겨울바다 바람을 맞으면서도 안전운행을 위하여 각자 맡겨진 사명에 최선을 다해주신 분들이 있었기에 가능했습니다. 김용태 목사님과 사무총장 조영경 집사님, 계속 물을 퍼 올린 권오창 권사님, 구본호 목사님, 이석주 목사님, 강안숙 간사님, 미국에서 먼 길을 마다하지 않고 기쁨으로 헌신하며 낙도선교회를 격려해주신 이규섭 목사님 등 모든 분들께 감사를 드리며 인간의 생사화복을 주관하시고 사명자를 절대 불러가지 않으시는 우리들의 길과 진리 되신 하나님께 감사를 드립니다.

모두가 선착장에 도착하여 육지에 다 내린 후 마지막으로 계류장에 정박시키고 시동을 끄고 목사님과 사무총장 조영경 집사님이 나오고 있었습니다. 그런데 계속 어디에선가 물이 흐르는 소리가 들려 점검해보니 좌측 스크루가 충격을 받으면서 그 충격에 볼트가 빠져나와 배 바닥에 구멍이 생겨 물이 계속 세어 나오고 있었습니다. 만일 그때 점검하지 않고 그냥 나왔더라면 미국전역에서, 한국전역에서 과부의 두 렙돈 같은 헌신의 손길로 모아진 피맺힌 선교헌금으로 구입한 선교선이 우리의 부주의로 침몰되었다면 가슴이 찢어지고 통곡의 나날을 보냈을 것입니다. 그날 오전 배가 침수되어 가라앉을 위기를 만났을 때 큰 군함의 선장들이 함선이 침몰할 때 그 함선과 운명을 같이하는 것처럼 저 역시 피맺힌 헌금으로 구입할 수 있도록 헌신해주셨던 모든 분들이 주마등처럼 생각났으며 선교선과 같이 운명을 다하고 싶은 심정이었습니다.

더욱 하나님께 감사했던 것은 배를 수리하기 위하여 조선소에 올려

놓고 보니 좌측에 있는 스크루는 완전히 망가졌고, 오른쪽 스크루는 3분의 2정도가 망가져서 운행자체가 기적이었습니다. 그리고 좌측스크루가 큰 나무에 부딪힐 때 충격으로 인하여 볼트 6개가 고정하고 있는데 두개는 완전히 망가져 달아났고 만일에 1개가 더 망가졌더라면 손쓸 수 없을 정도로 바닷물이 많이 밀려들어와 침몰할 수밖에 없었을 것이라고 수리하는 분들이 오히려 놀랐습니다. 믿지 않는 그분들도 침몰하지 않고 13명의 모든 선교팀이 안전하게 돌아올 수 있었던 것은 하나님의 은혜라고 말했습니다.

오늘 하루가 지난 9년 동안 수많은 어려움과 역경 속에서도, 아니 과거 3번의 큰 위기와 조난을 당했던 일보다 더 위험하고 위급한 상황이었습니다. 며칠이 지난 지금도 그때를 생각하면 깜짝깜짝 놀라기도 하지만 시편 23편 4절 말씀처럼 "내가 사망의 음침한 골짜기로 다닐지라도 해를 두려워하지 않을 것은 주께서 나와 함께 하심이라 주의 지팡이와 막대기가 나를 안위하시나이다"라는 말씀이 그대로 이루어짐을 보면서 다시 한 번 하나님의 위대하심에 찬양과 영광을 돌립니다.

다음은 그날 같이 동행했던 함양 광월교회 구본호 목사님이 그때의 위급한 상황을 생각하면서 신바람낙도선교회 홈피 나눔터에 올린 글입니다.

할렐루야!

이렇게 이 글을 쓸 수 있도록 생명을 연장시켜주신 주님을 찬양합니다. 주님께서 함께하여 주시지 않으셨다면 전 지금 이 글을 쓸 수 없었을 것입니다.

지난번에도 죽음을 눈앞에 둔 경험을 했었지만 이번에는 그 강도가 훨씬

강하여 살아서 돌아올 수 있었다는 사실 앞에 감사를 드리지 않을 수가 없습니다.

집을 수리하는 사역이 있는 날에는 다른 날보다 훨씬 일찍 일어나야 합니다. 선교회 사무실까지의 거리가 멀어서 새벽 4시에 일어나 준비를 마치고 차를 몰고 5시 10분에 단성 인터체인지에서 이석주 목사님을 픽업하고 1시간 30분을 달려 선교회 사무실에 도착하였습니다. 조금 있다가 장로님과 뉴욕 퀸즈한인교회 이규섭 목사님과 권 권사님이 도착을 하셔서 인사를 나누고 우리 모두는 선교선이 정박해 있는 여수항으로 달려갔습니다.

연일 계속되는 추위에 선교선의 배터리가 방전이 되어서 한참을 기도하며 기다려야 했습니다. 날씨는 맑고 바람도 잔잔했으나 오늘의 선교 일정이 그리 순탄치만은 않을 것이라는 마음이 들었지만 기도하며 주님의 도우심을 구하였습니다. 드디어 충전이 끝나고 배는 순항을 할 수 있었습니다. 배 안에서 예배를 드리고 힘차게 구호를 외치며 건축자재가 기다리는 곳으로 달려갔습니다.

건축자재가 생각보다 많고 무게가 엄청났지만 그래도 배는 순조롭게 달려주었습니다. 그런데 배가 그 무게를 지탱하기가 버거웠던지 배안으로 바닷물이 들어오고 있었습니다. 물을 연신 퍼내었지만 역부족이었습니다. 만약에 엔진룸에 물이차면 배는 침몰한다는 것입니다. 그러나 다행히 아직까지는 물이 엔진룸에는 차지 않았습니다. 모두가 다 구명조끼를 입고 만일에 대비를 하는 초비상사태가 발생한 것입니다. 차가운 겨울바다에서 배가 침몰을 한다면 우리의 생명은 보장을 받을 수가 없었습니다. 초긴장의 순간이 흐르는 순간 배가 추도에 닿을 수가 있었습니다.

아! 주님! 감사합니다. 만약에 바다 한가운데서 그랬다면 배는 가라앉고 우리 모두는 차가운 바닷물에서 구조를 기다리는 상황이 벌어졌을 겁니다. 정말 아찔한 순간 이었습니다. 하나님께서 기적의 손길을 내밀어 주셔서 모두가 무사히 생명을 건질 수 있었던 것입니다. 아직도 낙도선교를 위하여 해야 할 사역들이 있기에 주님은 우리들을 이렇게 살려주셨던 것이었습니다.

바다의 날씨는 종잡을 수가 없듯이 바람도 서서히 불고 파도는 일렁이고 추위는 뺨을 매섭게 쓰다듬고 있었습니다. 그래도 우리를 기다리는 분들을 생각하면 이런 것쯤이야 넉넉히 이겨낼 수가 있었습니다. 위기상황을 겪다보니 아침식사도 못하고 시장하여 김밥과 설익은 라면으로 식사를 마치고 건축자재들을 어깨에 메고 날랐습니다. 어느덧 해는 뉘엇뉘엇 져가고 어둠이 바다위에 내리기 시작했습니다. 열심히 각자에게 주어진 사역들을 마치고 11차 수리한 집의 현판식을 주님의 은혜 속에 마쳤습니다.

아! 주님! 감사합니다!

사도와 송여자도를 방문하고 여수로 가다가 갑자기 스크루에 이상이 발생하여 배의 속도가 느려지기 시작 했습니다. 오늘은 유난히도 힘든 상황들이 발생을 하는지 참으로 지금까지 낙도선교를 다니던 날들 중에서 가장 힘겨운 날이라는 생각이 들었습니다.

무엇보다도 반 장로님과 김용태 목사님이 너무나 수고가 많으시다는 생각이 듭니다. 직접 배를 운항해야 하는 책임이 있으시기에 말입니다. 조영경 집사님과 강 사모님, 이규섭 목사님, 권오창 권사님, 이석주 목사님 모두가 혼연일체가 되어 위기를 잘 이겨 나가고 계셨습니다. 속력을 낼 수는 없었지만 그래도 배는 천천히 달려가고 있었습니다. 그러다보니 칠흑 같은 어두움이 바다에 내려앉아 앞을 분간하기가 어려웠습니다. 배에 내비게이션이 있지만 사람이 배위에서 바다위에 있는 위험요소들을 무전으로 알려주지 않으면 어려운 일들이 발생할 수가 있다고 합니다. 그래서 반 장로님과 함께 배의 2층으로 올라가서 찬 바다 바람을 맞으면서 어두운 밤바다를 주시하며 김용태 목사님께 계속 무전기로 좌로 우로 하면서 방향을 알려주었습니다. 드디어 배는 밤 8시 30분경에 여수의 불빛이 비추이는 항으로 서서히 들어서고 있었습니다.

아! 드디어 무사히 살아서 돌아왔구나!

가슴이 뭉클하고 눈가에는 눈물이 고이고 있었습니다. 지금도 이 글을 쓰면서도 눈가에 눈물이 고입니다. 생명의 소중함과 한 순간 한 순간 살아있음에 감사하는 마음이 우리를 경건하게 만들어 주고 있습니다. 그리고 생명이 다하는 그날까지 낙도선교에 헌신할 것을 다시 한 번 다짐하며 또 다짐해 봅니다. 함께 생명을 걸고 사역에 동참하셨던 반봉혁 장로님, 이규섭 목사님, 김용태 목사님, 이석주 목사님, 강 사모님, 권오창 권사님, 조영경 집사님, 그리고 건축 일에 함께 하신 모든 분들께 하나님의 은혜와 평강이 넘치시기를 빕니다.

여러분! 사랑합니다!

11
치열한 영적전쟁터

섬은 유달리 우상과 미신이 아직도 창궐 합니다. 예를 들어 귀신이 들어오지 말라고 집 앞에 참빗나무(화살나무로도 불림)를 심는 것에서부터 굿도 자주 합니다. 생활이 어려운 가운데서도 100여만 원씩 주고 굿을 하는 집을 보면 가슴이 답답하고, 여기야 말로 영적 전쟁터 구나 하는 생각을 합니다.

섬 전도를 하다보면 이따금 통발 어업을 하는 분들을 만납니다. 파도가 약한 곳에 닻을 내리고 배의 엔진을 끈 채 쉬고 있는 이분들에게 다가가 "힘드시죠?"하며 식수와 먹을 것을 드립니다. 이분들은 경남 통영이나 사천 등지에서 오신 분들입니다. 그러면 경상도 사투리로 이렇게 말합니다.

"죽지 못해 삽니더. 파리 목숨과 진배없지요."

"죽으면 이보다 더 고통스러울 텐데 괜찮으시겠어요?"

이렇게 말하면 의아한 듯 쳐다봅니다.

"예수님을 안 믿으면 죽어서 엄청 고생합니다."

성령의 도우심으로 이분들도 바다 한 가운데서 영접기도를 하게 됩니다.

"사람이 마음으로 믿어 의에 이르고 입으로 시인하여 구원에 이르느니라"(롬 10:10)

✤ 섬 주민들에게 복음전하는 모습

✤ 섬 주민들에게 전도하는 모습

12
낙도 사랑의 집수리하기

저희 '신바람 낙도선교회'가 처음 시작한 '낙도 사랑의 집수리하기'는 복음을 함께 전하는 것이 다릅니다. 미국 집회 때도 그러했고, 요즈음 집회를 나가면서 온통 주된 관심사는 큰 배를 사는 것이었습니다. '신바람 낙도선교회' 발대식 이후 배에 집착하는 마음도 강해졌나봅니다. 그러다보니 눈앞의 작은 일들을 소홀히 하게 되면서 제가 하고 있는 사역의 본질마저 변질될 뻔 했습니다.

미국에서 돌아와 몇 몇 교회 집회를 다닐 때에도 섬 사역 동영상을 보여주면서 섬의 현실과 배의 필요성을 부각시켰습니다. 그런데 '한돌교회'에서 집회를 하던 도중 깊은 회개가 터졌습니다. 배는 늦게 사더라도 지금 당장 할머니 할아버지들에게 시급한 것을 나 몰라라 했던 것입니다. 당장 지붕이 내려앉을 것 같은 할머니 집을 수리하는 것이 더 급하다는 결론을 내렸습니다.

즉시 지붕 수리에 필요한 예산을 뽑았습니다. 수항도 자체가 지형이 험해서 마치 등산을 하는 것 같기 때문에 공사자재를 나르는 일만 해도 쉬운 일은 아닙니다. 그래도 배 운임비와 인건비를 제하고 순수 경비만을 생각하니 약 570만원 정도가 예상되었습니다.

✤ 수항도를 방문하신 박승호 목사님, 이현택 목사님, 김풍운 목사님과 사모님

✤ 인천동산감리교회 조혁목사님과 성도님들이 수항도 방문하는 모습

예기치 못한 일이 생겼습니다. 지붕을 고쳐드리기로 한 곽후방 할머니께서 몸이 갑자기 안 좋아지셔서 입원을 하셨다는 것입니다. 그래서 할머니의 건강이 호전되면 나중에 다시 계획을 세우기로 하고 할머니 댁 위에 사시는 할아버지 할머니 댁을 먼저 수리해드리기로 했습니다. 이 댁 할머니는 제가 잊을 수가 없는 분이십니다.

제가 섬을 방문하면 "장로님 여기 좀 보시오!" 하시며 제 주머니에 돈을 넣어주시곤 합니다. 그 돈이 큰 액수는 아니지만 쌈지 돈을 털어 제게 주실 만큼 저에 대한 사랑이 깊다는 뜻이겠지요. 저는 그 돈을 교회에 드렸는데 목사님께서는 그 돈은 낙도 선교회 돈이라며 다시 돌려주는 것이었습니다. 할아버지께서는 물을 가져다 드릴 대 가장 기뻐하십니다. 노인들이 물을 나르기란 보통 일이 아니기 때문입니다. 물과 함께 쌀을 들고 올라가 이따금 이발도 해드리면 얼마나 좋아하시는지 입을 다무실 줄을 모릅니다.

드디어 지난 6월 17-18일에 걸쳐 수항도에 '사랑의 집짓기' 운동이 그 첫발을 내디뎠습니다. 이번에는 남면 면장님도 동행하셨습니다. 면장님의 배려로 저희는 행정선을 이용할 수 있었습니다. 두 척의 배가 움직였습니다. 제 1진으로는 기술자들이 타고 가고, 2진으로 저희 예수사랑 낙도선교팀원들과 취재팀들이 탔습니다. 1진은 보수를 받고 맡은 일만 하기 때문에 짐을 나른다거나 자잘한 일들은 저희 팀원들의 몫이었습니다.

비바람에 날라 가 곧 허물어 질것 같은 지붕개량공사를 비롯하여 천정공사, 도배, 문풍지 바르기, 페인트 칠 등 할 일이 한두 가지가 아니었습니다. 특히 지붕공사는 기술자가 맡았지만 나머지 작업은 남녀가리지 않고 저희 신바람 낙도 팀이 나누어 했습니다. 저도 꽃무늬 벽지로 도배를 하면서 도배가 쉬운 일이 아님을 뼈저리게 느꼈습니다. 그런데 도배보다 힘든 것은 방 안의 짐들을 모두 끌어내는 것이었습니다. 할머니, 할아버지께서는 6.25이후 한 번도 짐정리를 안 하신 듯 별의별 물건들이 빼곡했습니다. 이불도 몇 채가 되는지 헤아리기 힘들 정도였습니다. 심지어는 이불 사에 에서 쥐똥과 죽은 쥐까지 나올 정도였습니다. 강안숙사모를 비롯하여 몇몇 분들이 이 힘든 일을 아무런 불평 없이 해주셨습니다. 도배하는 시간이 1시간 정도 걸렸다면 짐 치우는 시간은 3시간 정도 걸렸을 것입니다. 다행히 천장 등 어려운 부분은 조영경, 진주영광 권오창 권사님이 맡아 해주셨습니다.

김창식 집사님과 문명주 성도님도 빼놓을 수가 없습니다. 더구나 촬영차 함께 오신 CTS팀장 이광명 집사님과 신바른 PD, '크리스챤투데이'의 오상아 기자까지도 이 힘든 노동에 동참했습니다. 1킬로미터 가까이 되는 가파른 길을 이십여 차례나 왕복하면서 짐을 날랐습니다. 몸이 편찮으셨던 곽후방 할머니께서도 퇴원하셨습니다. 곽후방 할머니 댁 집도 지붕만 빼고 다시 다 수리를 해드렸습니다.

저희 팀들이 힘을 내어 일을 할 수 있도록 먹거리를 풍성히 제공해주신 분도 있습니다. 박선봉 안수집사님(우학리교회)께서 아침과 점심식사를 제공해주셨습니다. 같은 교회의 '명가모텔'을 운영하시는 명광석 집사님은 행정선 선장이시기도 한데 저희에게 숙소를 제공해주셨습니다.

비바람이 조금만 불어도 지붕이 날아갈까 걱정하셨지만 이제 이 지붕은 4~50년이 지나도 끄떡없을 것입니다. 집수리를 마치자 이도옥

✤ 낙도를 방문하기 위해 여수공항에 도착한 정숙자 권사님과 구명옥 집사님

✤ 곽후방 할머니가 입술에 암이 걸렸다는 말을 듣고 가슴아파하는 정숙자권사님과 구명옥 집사님

할아버지 내외분은 노래까지 부르시며 앞으로 몇 십 년은 더 살고 싶다고 말씀하십니다. 그 기뻐하시는 모습을 보는 저희 팀들은 그동안의 고생을 한 순간에 잊습니다. 땀으로, 페인트로 범벅된 서로의 얼굴을 바라보며, 주님이 주신 참된 기쁨을 누렸습니다.

사실 무거운 양철지붕을 메고 계단을 오를 때엔 금방이라도 정신을 잃을 것 같았습니다. 게다가 공사용 기계와 연장들의 무게는 상상을 초월했습니다. 그러나 덩실덩실 춤을 추는 할아버지, 할머니를 바라보는 순간 이 모든 수고가 헛되지 않는다는 것을 확신할 수 있었습니다.

• http://cts.tv → TV(뉴스) → 787(예수사랑 낙도선교회 섬사역)
　　→ 동영상(2007. 6. 22)

• http://ny.chdaily.com(기독교민신문) → 뉴욕편 → 선교와세계
　　→ 예수의 마음은 낙도까지(2007. 6. 23)

VI

낙도의
전도전략

1
전도의 기본전략

1) 전도전략의 기본은 기도입니다.

열정만으로는 기도를 할 수 없습니다. 제 경우 새벽기도회 때 목사님 말씀이 끝나면 30분 동안 구체적으로 이름을 부르며 기도합니다. 그래서 동네 어르신네 성함을 다 외우고 있습니다. 옛날 어르신네라 그런지 이름들도 아주 재미있습니다. 구체적인 기도는 아주 중요합니다. 시험 삼아 가족 중 특정 대상을 놓고 3일 만 기도해보십시오.

2) 성령 충만해야 합니다.

우리가 성령으로 충만하면 "나사렛 예수!" 하면서 긴 말을 하지 않더라도 귀신들도 겁을 먹습니다. 한 예로 예수님께서 거라사 인의 땅에 가셨을 때 "나는 예수다!" 말씀 안하셨지만 귀신들이 먼저 알지 않았습니까?

3) 꾸준해야 합니다.

언젠가는 전도를 나가는데 비가 내려 옷이 흠뻑 젖었습니다. 동행하던 여 집사님들은 속옷이 비칠 정도였습니다. 상황이 그러하다보니 집사님들이 "장로님, 오늘은 그냥 돌아가지요."라고 합니다. 사실 저도 내심으로는 쉬고 싶기도 했습니다. 그러나 강행군을 했습니다. 전도대상자들은 포기하지 않고 꾸준한 모습에서 감동을 받는 것 같습니다. 때로는 저렇게 멀쩡한 양반들이 왜 저리 고생을 하는지 의아해하기도 합니다. 농번기고 뭐기 가리지 않고 끈질기게 전도를 나가 일손을 거들기도 했습니다. 그랬더니 감동을 받았는지 한두 분씩 교회를 나오기 시작하셨습니다.

4) 타이밍이 중요합니다.

모든 일에 있어서 타이밍은 중요합니다. 전도에 있어서도 마찬가지입니다. 물론 때를 얻던지 못 얻던지 전도는 해야 합니다. 그리고 상대방이 주릴 때, 목마를 때, 헐벗었을 때엔 절대 그냥 지나쳐서는 안 됩니다.(마 25:37-42 참조) 한 예로 고기가 배가 고파 찌를 물었다고 무조건 잡아당기면 안 됩니다. 완전하게 물렸다고 느끼는 때가 있습니다. 그때가 가장 중요합니다. 전도도 어느 정도 마음이 기울였다고 느껴질 때가 있습니다. 바로 그때 영접을 시켜야합니다.

5) 전도 후의 양육이 중요합니다.

일반적으로 새 신자가 등록하면 학습 세례를 거쳐야 본 교인으로 인정합니다. 그러나 전도를 하고 나면 그 즉시 구역 또는 속(감리교의 경우), 아니면 목장으로 인도를 해야 합니다. 각 구역장은 작은 목자들이기 때문에 구역장이 살아야 교회가 삽니다. 그곳에서 양육을 받고 꼴을 먹으며 믿음이 자라도록 보살펴주어야 합니다.

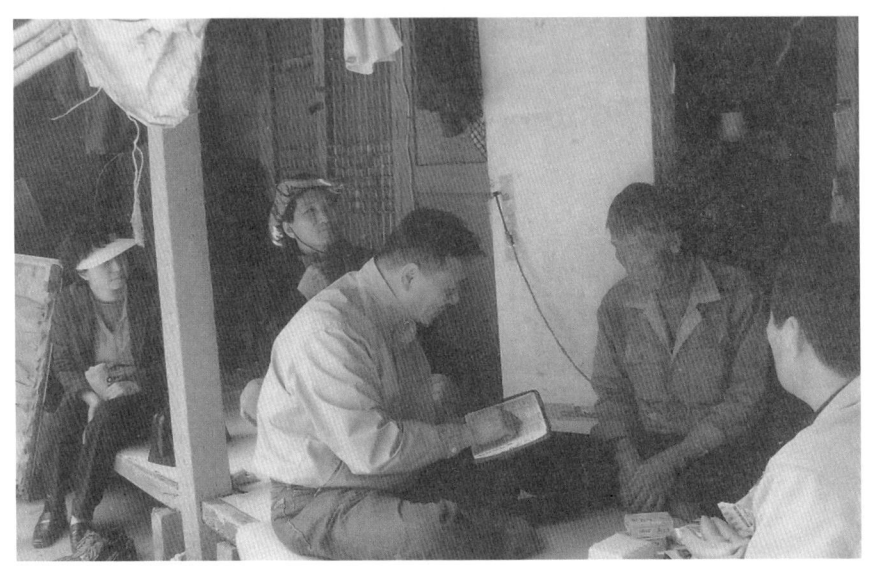
✤ 영접시킨 후 양육하는 모습

저는 3개 속을 맡아 예배와 성경공부를 인도하고 있습니다. 그런데 작년 10월 2일 샌프란시스코에 가게 되었습니다. 3개 속을 합하여 집사님들이 이십 여명 됩니다. 그분들이 제가 미국에 간다는 말을 듣고 웃으면서 한동안 자유구나 생각하셨던 모양입니다. 그리고 속회예배를 안 드렸던 것 같습니다. 그런데 그 가운데 스파이가 있어서 제게 전화를 했습니다. 전화를 받자마자 저는 미국시간으로 새벽 2시에 일일이 전화를 했습니다. 모두 깜짝 놀라며 장로님 웬일이냐고 물었습니다. 그래서 아무 말 말고 비닐하우스 집으로 모두 집합하라고 전했습니다. 그리고 전화로 1시간 동안 예배를 드렸습니다. 그 후 집사님들 왈 우리가 하늘나라 가기 전까지는 예배를 드려야 한다고 하십니다.

6) 내가 현재 있는 곳이 중요합니다.

여자들과는 달리 남자들은 목욕하는 시간은 길어봤자 30여분 남짓 합니다. 그러나 저는 최소한 1시간 이상 합니다. 새벽기도를 마치고 운동을 한 후 목욕탕을 찾아갑니다. 사람들을 전도하기 위해서입니다. 지금까지 목욕탕에서만 전도한 사람이 열두 명이 됩니다. 얼마 전 군산에서 어느 할머니께서 제게 물으셨습니다.

"장로님, 장로님, 목욕탕에서 전도를 잘 하신다더니 왜 남자만 전도 하셨습니까?"

"제가 어떻게 여탕을 들어갑니까?"

그래서 한바탕 웃은 적이 있습니다.

2
왜 전도를 해야 하는가?

 세상의 모든 것을 소유한다면 행복할까요? 천만에요! 그렇다면 왜 모 재벌 딸이 미국 땅에서 자살을 했을까요? 만일 그가 살아있을 때 성경의 단 한 구절이라도 알고 또 기억하고 있었다면 어떠했을까요? 예수님을 아느냐 모르느냐가 곧 삶과 죽음의 경계선입니다. 또 전도를 한다는 것은 물에 빠져 허우적거리며 죽어가는 영혼들에게 생명줄을 던져주는 것입니다.

 바다에 나가면 세 종류의 어망이 있습니다. 이강망, 낭장망, 정치망입니다.

 ① 이강망: 육지에서 부터 그물을 쳐서 한쪽 주머니(주머니 2개)로 어군을 몰아서 잡는 방법입니다. 이강만은 만 근처 동네 근처에서 볼 수 있습니다. 센 곳, 정치망은 먼 바다에 치지요.

 ② 낭장망: 조류가 빠른 곳에 설치하여 멸치를 잡는 어구입니다. 긴 자루그물의 날개와 자루 끝을 닻 등으로 고정시키고 조류에 의하여 들어간 고기를 잡는 정치성(定置性) 어구입니다. 자루 속에는 유도망이 있어 한 번 들어간 고기는 되돌아 나오지 못하는 것이 특징입니다. 또한 조류의 방향이 바뀌면 그에 따라 그물이 뻗는 방향이 바뀐다. 전

라남도 일대에서 쓰고 있다.

③ 정치망: 함정어법을 쓰는 어구입니다. 보통은 그 중 유도함정어법을 쓰는 것만을 뜻합니다. 어구를 일정한 장소에 일정기간 부설해 두고 어획하는 어구·어법이며, 단번에 대량 어획하는 데 쓰이지요. 연안의 얕은 곳(대략 수심 50 m 이하)에서만 쓴다.

이 어망들이 시사하는 것이 무엇일까요? 우리가 전도하는 영혼은 곧 고기를 잡는 것과 같습니다. 따라서 젊은 사람들은 날마다 볼 수 있어서 언제든지 전도가 가능합니다.

낭장망은 일시적으로 기회가 제한된 사람들입니다. 예컨대 군대를 간다던가 하는 식으로 말입니다. 그러나 정치망의 경우 때를 놓치면 잡을 수 없습니다.

정치망으로 잡아야 할 고기와 같은 영혼들은 아주 긴박한 영혼이라고 생각하면 됩니다. 우리나라 영해권을 한 번 벗어난 고기들은 북해 쪽으로 다 가버리거나 게 중에는 순회를 한다 해도 다시는 나타나지 않은 고기들입니다. 이 정치망으로 잡아야 할 고기들이 바로 노인들이십니다. 또 병동에서 죽음을 앞둔 환자들처럼 소외되고 죽어가는 영혼들입니다.

사실 전도는 초를 다투는 것입니다. 단 몇 초에 생사가 결정되기도 합니다. 특히 노인들에게는 더욱 그러합니다. 관계전도도 중요하지만 '관계'만 마냥 좋게 유지하다보면 복음에 대해서는 한마디도 못하고 끝날 때도 있습니다.

한 예로 교회 산하 노인대학의 경우 노인들을 모아놓고 복음성가 한

✤ 낙도선교회 정완용 목사님과 신바른 PD와 함께

✤ 수항도 집을 수리해드린 이도옥 할아버지

두 곡 부르고 나서, 대중가요를 실컷 부르다가 식사를 제공한 뒤 해산시킵니다. 제가 노인대학 강의를 해보니 정원이 500명이 넘는데도 그 가운데 예수님을 모르는 분들이 반 이상입니다. 그 가운데 10% 정도는 그 다음 해에 뵐 수 없는 분들도 있습니다. 사실 나이 든 사람 전도하지 말라는 교회도 있습니다. 정말 이런 교회는 주님 앞에서 그 값을 톡톡히 치러야할 것입니다.

하나님께서는 이분들을 위해 복음을 전할 곧 추수할 일꾼들을 기다리고 있습니다. 여러분 주변에 이러한 분들이 근처에 있다면 즉시 복음을 전하고 입으로 주를 시인하게 하여 천국에 가도록 해야 합니다.

어떤 종류의 망이던 설치하려면 말뚝을 박아야 합니다. 한 번만 대충 박으면 파도에 쉽게 빠져버립니다. 파도를 마귀에 비유한다면 말뚝은 하나님의 말씀입니다. 주일 예배 한번만으로 땡 하면 말뚝을 한 번 박는 것과 같습니다. 수요기도회, 금요기도회, 무엇보다 새벽기도회를 통해 말뚝을 깊이 박을 수 있습니다. 그러면 어떤 파도에도 흔들리지 않을 것입니다.

3
전도 후 사후관리

"하나님의 말씀과 기도로 거룩하여 짐이니라 네가 이것으로 형제를 깨우치면 그리스도 예수의 선한 일군이 되어 믿음의 말씀과 네가 좇은 선한 교훈으로 양육을 받으리라"(딤전4:5-6)

전도 후 사후관리로 거듭난 김재국 집사

김재국 집사는 성경말씀에 나왔던 탕자와 같은 인생을 살았습니다. 그가 세상에서 가질 수 있는 모든 것들을 겸비했습니다. 그의 형님은 국회의원이었고 그는 광양태금택시와 여수여광항운 대표이사의 자리에 있으면서 동광양로터리 최초회장직을 맡았으며 일생 동안 술과 담배, 주색잡기로 타락한 인생을 살았던 대표적 인물이었습니다.

재력과 권력으로 무소불위의 힘을 가지고 있던 그가 모든 것을 한 순간에 잃어버리고 목욕탕에서 하나님의 섭리로 반봉혁 장로를 만나 예수님을 영접하게 되었고 지옥의 유황불로 갈 수 밖에 없었던 그의 삶이 거듭나 천국의 삶으로 바뀌게 됐습니다.

1) 나이에 관계없이 부모의 마음으로 섬길 것

검사나 판사가 되지 말고 변호사가 되라

"주께서 나의 의와 송사를 변호하셨으며 보좌에 앉으사 의롭게 심판하셨나이다"(시 9:4)

2) 절대 금전 및 취직 또는 보험, 다단계 판매 등의 무리한 부탁을 하지 말 것 (동일업종)

믿음이 장성하기 전, 성가대와 교사, 식당봉사 및 청소 등 직책을 맡기지 말 것

"네가 하나님의 선물을 돈 주고 살 줄로 생각하였으니 네 은과 네가 함께 망할찌어다"(행 8:20)

3) 장례식장, 임종직전 꼭 함께 동행 할 것

"한번 죽는 것은 사람에게 정해진 것이요 그 후에는 심판이 있으리니"(히 9:27)

4) 기독문화를 접할 수 있도록 해줄 것

ex) 영화 벤허, 패션 오브 크라이스트, CTS 기독교 TV, 극동방송 등

복음성가 - 찬송가 - 말씀 테이프 선물

"이같이 너희 빛을 사람 앞에 비춰게 하여 저희로 너희 착한 행실을 보고 하늘에 계신 너희 아버지께 영광을 돌리게 하라"(마 5:16)

5) 절대, 교회에 대해 불평불만을 하지 말 것이며 모범적인 목사님(손양원, 주기철 목사님 등)을 간증할 것

"분을 그치고 노를 버리라 불평하여 말라 행악에 치우칠 뿐이

라"(시 37:8)

6) **어떠한 환경에도 그리스도의 향기를 나타낼 것(술, 담배, 도박 등을 지혜롭게 피할 것)**

   예배, 십일조, 구제와 선교, 전도 -〉 전도자의 모습을 닮아감. (예배의 자세, 언행)

   ex) 반씨 가문 시제이야기

   "우리는 구원 얻는 자들에게나 망하는 자들에게나 하나님 앞에서 그리스도의 향기니"(고후2:15)

7) **절대로 지시나 명령을 하지 말고 어렵고 힘든 일이 있으면 항상 먼저 전도자가 스스로 모범을 보일 것 (자신도 할 수 없는 것을 절대로 시키지 말 것)**

   "범사에 네 자신이 선한 일의 본을 보이며…"(딛 2:7)

8) **하나님 주신 직분을 존귀하게 여길 것**

   ex) 장로님, 권사님, 집사님 또는 성도님, 속장님 및 구역장님, 형제님 자매님, 언니 동생, 또는 누구 엄마나 아빠 절대, 반말하지 말 것

   "내가 이방인인 너희에게 말하노라 내가 이방인의 사도인 만큼 내 직분을 영광스럽게 여기노니"(롬 11:13)

9) **본인의 체험과 재산, 권력, 학력을 자랑하지 말고 항상 말씀과 기도로 양육할 것**

   특별히 언행일치하며 약속은 절대 지킬 것

   "하나님의 성령으로 봉사하며 그리스도 예수로 자랑하고 육체를 신뢰하지 아니하는 우리가 곧 할례당이라"(빌3:3)

10) 태신자의 모든 애경사와 ,특별히 병중에 있을 때에는 꼭 찾아가 예수님의 마음으로 섬기며 기도와 사랑으로 위로해 줄 것

"… 세상에 있는 자기 사람들을 사랑하시되 끝까지 사랑하시니라"(요13:1)

"또 아비들아 너희 자녀를 노엽게 하지 말고 오직 주의 교훈과 훈계로 양육하라"(엡 6:4)

4
전도 자체가 삶

1) 낮아져야 전도할 수 있습니다.

저는 전도하면서 매번 느끼는 것이 삶이 겸손하지 않으면 복음을 전할 수 없다는 사실입니다. 또 제가 알아서 낮아지면 하나님께서 어느 순간 높이십니다. 전도는 내가 하는 것이 아니기 때문입니다. 겸손한 삶은 전도의 가장 기본적인 마음입니다.

저는 스킨스쿠버도 좋아하지만 비행하는 것도 좋아해서 얼 라이트 비행기 면허증도 소지하고 있습니다. 저는 조종술을 배우면서 낮아져야 높이 나를 수 있다는 진리를 체험했습니다. 비행기가 높이 올라가

✤ 문도배를 하고 있는 모습

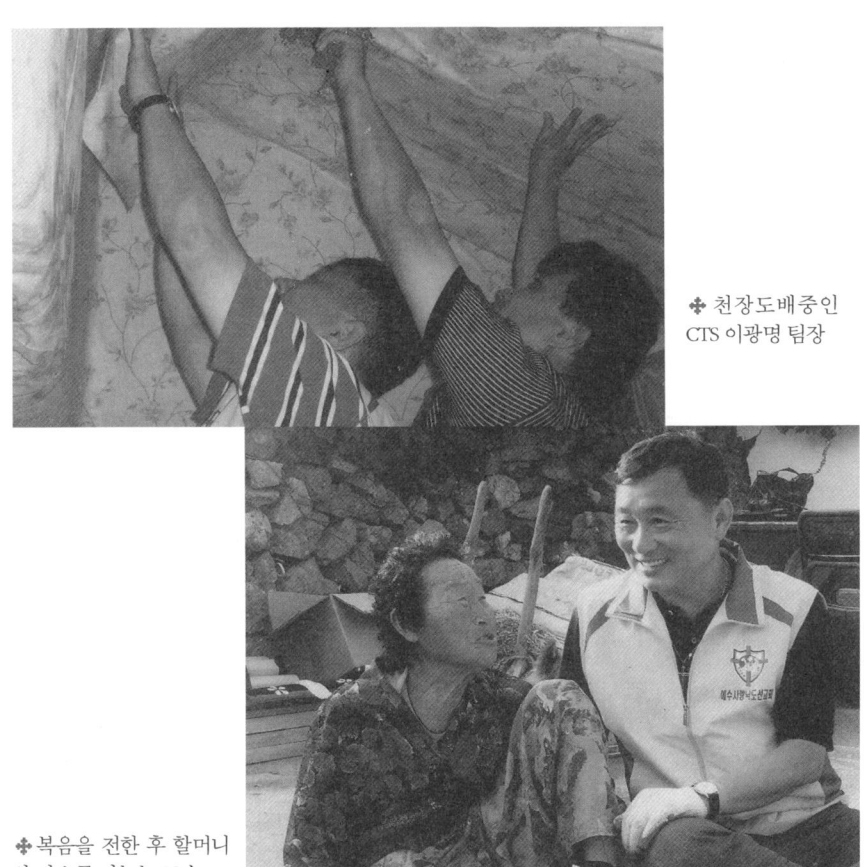

✤ 천장도배중인
CTS 이광명 팀장

✤ 복음을 전한 후 할머니
와 담소를 나누는 모습

면 양력이 높아지면서 속도는 떨어집니다. 비행기가 뜨는 것은 바람이 밑에서 받쳐주기 때문입니다. 그런데 하강하면 그 힘을 받아 다시 일순간 높이 날아오를 수 있습니다. 제가 초보비행을 할 때 무선으로 조교가 계속 부르짖는 것이

"내려와요! 내려와요!"

그런데 겁이 나서 내려가지지가 않는 것이었습니다. 위로 올라가야 살 수 있을 것 같았습니다. 그러나 저는 지시에 따라 내려왔지요 그랬

더니 정말 비행기가 탄력을 받으면서 높이 솟아오르는 것입니다.

저는 지금도 제가 겸손에 대해 무뎌졌다 싶으면 비행기를 떠올립니다. 그리고 "내려오라! 낮아지라!"고 말씀하시는 내 인생의 숙련된 조교 예수님의 말씀에 순종합니다.

전도를 하면 할수록 이 세상의 것들을 배설물로 여기는 것이 무슨 의미인지 점점 깊이 깨닫게 됩니다. 그래서 제가 남은 단 하가지 목표는 지옥 갈 영혼들을 천국으로 보내는 것입니다.

2) 눈치를 왜보나요

'2012 여수 세계박람회' 유치를 위한 행사 준비가 한창이던 때였습니다. 그 무렵 아주사퍼시픽대학 학생들로 구성된 합창단원 130여명이 한국 교회를 돌며 내한 공연을 펼치고 있었습니다. 100명의 합창단과 30명의 오케스트라, 스태프로 구성된 아주사대 합창단은 여수, 순천, 천안 등지의 교회와 대학교에서도 공연을 할 예정이었습니다.

아주사대는 미국 서부의 명문 크리스천 대학으로 한국 교회의 부흥 운동과 기도 등을 체험하고 한반도 평화와 통일을 위해 기도한다고 했습니다. 여수시 시장 오현섭 집사님과 공연문제를 의논하기 위한 자리가 마련되었습니다. 이 만남을 위해 여의도순복음교회 양익승 장로께서 서울에서 내려오셔서 중간역할을 해주셨습니다. 국제 와이즈맨 문상봉 총재, GS 칼텍스 이승필 재단 사무국장, 최광식 장로(여수 성광교회) 등 5명 정도가 시장실에 모였습니다. 여수시로서는 이번 행사가 사활을 걸 정도로 중요했습니다. 시장님 역시 여러 행사로 바쁘고 정신이 없었습니다.

짧은 대화를 마치고 자리를 떠야하는 시점인데 이상하게 뭔가 부담감이 느껴지면서 그냥 그 자리를 떠서는 안 될 것 같다는 생각이 들었습니다. 이성적으로 생각하면 모두들 바쁘니까 빨리빨리 시장실을 나와야 예의라는 생각이 들면서 발은 안 떨어졌습니다. 그래서 입 안에서만 맴돌던 말을 크게 내뱉고 말았습니다.

"우리가 많은 준비를 하고 계획을 짜미나 그 발걸음을 인도하시는 분은 하나님이십니다. 시장님이 아무리 애를 쓰셔도 하나님께서 허락하셔야 합니다. 저희 모두 기도합시다!"

그랬더니 저보고 기도를 하라고 하셨습니다. 제가 큰 소리로 기도를 하기 시작했습니다. 모든 문제들 하나님께서 친히 개획하셔서 인간의 힘이 아니라 해양엑스포가 주님의 은혜 가운데 결정되도록 기도했습니다. 시장님이 경이로운 눈으로 감탄해마지 않으셨습니다. 어떤 분은 이 행사가 특정종교의 색이 두드러지면 안 되지 않겠냐는 반론도 있었습니다. 그런데 그런 말씀을 하시는 분도 크리스천이셨습니다. 그리고 시장실에 장로직분을 가진 사람들만 해도 한 둘이 아닌데 모두 시장님 눈치를 보고 있다는 것도 마음이 편치 않았습니다. "소위 집사요 장로라는 직분을 가진 분들이 사람들 눈치를 보느라 기도를 못합니까?" 저는 화가 치밀어 한마디 하고 말았습니다.

그러나 한편에서는 "아멘! 아멘!" 화답하시는 분도 계셨습니다. 얼마나 큰 힘이 되었는지 모릅니다. 바로 이승필 집사님이셨습니다. 어쨌든 연주회는 성공적으로 마쳤고, 아주사대 합창단은 은혜로운 찬양을 했고 "어메이징 그레이스"를 한국말로 부르기도 했습니다. 담대함을 주신 하나님께 감사합니다.

  이와 관련하여 또 하나의 사건이 떠오릅니다. 언젠가 제가 하는 섬 사역이 청와대에도 보고되었고, YTN에서도 전화가 왔습니다. 그런데 저는 "사장님"이라는 호칭에 그냥 전화를 끊어버렸습니다. 그리고 무슨 일이든 하나님께 기도를 한 후에 결정을 해야 한다는 신조 때문에 유명세를 타는 것도 좋지만 신중해야 할 것 같았습니다.

  결국 방송작가와 만나게 되었습니다. 저는 3가지 조건을 제시했습니다.

  첫째, 이 시간부터 YTN 작가를 비롯하여 촬영기자 등은 모두 예수님을 믿으십시오. 둘째, 저를 "사장님" 또는 "선생님"으로 부르지 말고 반드시 "장로님"으로 불러야 합니다. 셋째, 제가 큼지막한 십자가 목걸이를 할 텐데 기독방송이 아니라고 해서 그것을 지우거나 가리면 안 됩니다. 그런데 두 번째와 세 번째는 지킬 수 있겠는데 첫 번째는 좀 힘들 것 같다고 말했습니다. 3시간 후에 다시 연락이 왔습니다.

  "예수 믿겠습니다. 그러니 촬영하시지요."

  그래서 '수호천사' 촬영이 무사히 끝나고 보도가 되었습니다.

3) 예수님은 왜 어부들을 부르셨을까?

  '두부 전도왕' 책에서도 누누이 강조했던 것은 바로 '눈높이' 전도입니다. '눈높이' 라는 단어는 우리 귀에 아주 익숙합니다. 어린이 학습지에서부터 세일즈맨, 목회자에 이르기까지 반드시 명심해야 할 사항이기도 합니다. 전도할 때에는 더욱 그러합니다. 그러나 전도할 때

상대방의 눈높이를 맞추려면 영적 지혜와 통찰력이 필요합니다. 인간의 몸을 입고 이 세상에 오신 예수님만이 주실 수 있는 통찰력입니다.

'눈높이 전도'에 대해 이야기할 때마다 스스로에게 던지는 질문이 하나 있습니다.

"예수님께서는 왜 고깃배를 타고 있는 어부들, 즉 베드로와 안드레와 야고보를 제자로 부르셨을까?"(마태복음 4:18-22 참조)

"왜 그들에게 '사람 낚는 어부'가 되라고 말씀하셨을까?"

이 답을 섬 사역을 하면서 얻게 되었습니다. 저 또한 "사람 낚는 어부"가 되기 위해 여러 가지 전략을 구상하였습니다.

먼저 바다에 나가면 3가지 배가 습니다. 여객선, 상선, 어선입니다. 갈릴리 바다를 부산이나 인천 바다로 생각해보십시오. 그 가운데 예수님께서 관심을 두신 것은 일반 어선입니다. 다른 배들은 크고 시설도 좋고 선객들이 앉아 있습니다.

여객선의 경우 선장과 두 세 사람만 있으면 배가 움직입니다. 배를 교회에 비유할 때 선객들은 곧 교회에 앉아만 있다고 오는 교인들입니다. 영적으로 아주 교만한 부류입니다. 만일 선장이 교만하거나 태만하면 배 전체가 침몰할 수 있습니다. 영적교만으로 가득한 교회도 침몰합니다.

상선은 어떠합니까? 여객선과 상선은 공통점을 지니고 있습니다. 모두가 자기 일 외에는 절대 안합니다. 전남 여수에서 40톤급 여객선이 침몰한 적이 있습니다. 그 때 기관장에게 저기 앞에 섬이 있다고 한 마디만 했어도 침몰하지 않았을 것입니다. 요즈음은 교회 안에도 개인주의가 팽배해서 교사면 교사, 성가대면 성가대, 자기 일만 봉사하고 나면 할 일 다 했다고 생각합니다. 이러한 교인들이 많이 모인 교회는 마치 상선이나 여객선과 같습니다. 가장 중요한 사실은 상선이나 여객선을 탄 사람들은 고기에 대해 무관심하다는 것입니다.

어선의 경우 배에 탄 사람들이 서로 협력하지 않을 수가 없습니다. 또 선장에게 순종하지 않을 수 없습니다. 하나님께서 원하시는 사람은 방관자가 아니라 협력자요 순종하는 사람입니다. 풍랑이나 폭풍주의보가 있을 때에는 여객선은 아예 출항을 안 합니다. 그러나 어선은 생존을 위해 위험을 무릅쓰기도 합니다. 그러다보면 수많은 파도를 만납니다. 어선은 안 나갈 수가 없습니다. 왜냐하면 그물을 이미 쳐놓았기 때문이 그것을 그 날 안거지면 큰일 나기 때문입니다.

예수님의 부르심을 받았던 어부들이 학식은 없어도 자기 일에 최선을 다하는 사람들이었습니다. 그들은 예수님을 만나기 전에 풍랑을 많이 만난 사람들입니다. 또 예수님을 만난 후에도 풍랑을 만났습니다. 그 풍랑은 바다 위에서의 풍랑만이 아니었습니다. 삶 속에서의 인생풍랑이었습니다. 그러나 그러한 상황에서 예수님만 바라보았기에 영적승리를 거두었습니다.

"믿음의 주요 또 온전하게 하시는 이인 예수를 바라보자" (히 12:2)

4) 고기의 특성을 파악하자

먼저 고기를 색으로 분류해보겠습니다. 검정고기, 황색고기, 하얀 고기. 마치 인종을 구분하는 것 같습니다. 그러나 고기에는 파란고기도 있고, 순한 고기, 다혈질 고기도 있습니다. 긴 고기, 짧은 고기가 있

✤ 전도하는 모습

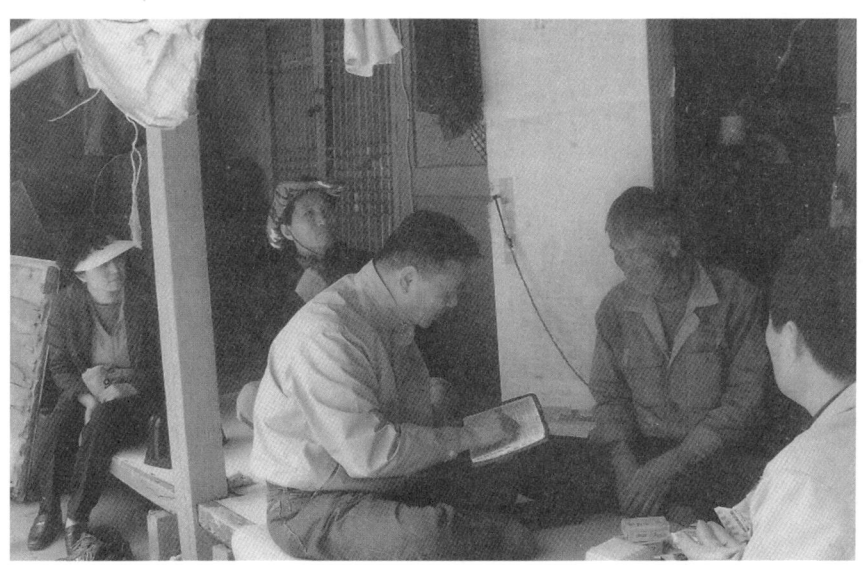
✤ 복음 전하는 모습

V. 낙도를 찾아서   245

고, 큰 고기 작은 고기가 있으며, 빠른 고기, 느린 고기가 있습니다.

바다의 상층에 사는 고기, 중층, 하층에 사는 고기가 모두 다릅니다. 먹이도 물론 다르지요. 따라서 고기를 낚으려면 고기의 지역성과 특성은 물론 어떤 먹이를 좋아하는지 잘 알고 있어야 합니다. 상대방에 대해 전혀 모르고 낚싯줄을 던진다는 것은 미련하기 짝이 없습니다. 고기들은 자기가 좋아하지 않는 먹이는 절대 안 먹습니다.

하나님께서는 우리 모두에게 낚싯대를 주셨습니다. 사람을 낚을 낚싯대입니다. 낚싯대는 곧 전도능력입니다. 어부로 임명함과 동시에 능력과 도구도 주신 것입니다. 그러나 아직도 자신에게 주어진 영적 낚싯대를 모른 채 어떻게 전도를 하느냐고 걱정하는 사람들이 많습니다.

낚싯대가 있고 먹이가 있다고 고기가 잘 잡히는 것은 아닙니다. 기술과 경험이 필요합니다. 전도를 해보지도 않고 자기에겐 전도의 은사가 있느니 없느니 하는 것도 어리석기 짝이 없습니다. 강아지를 키워 보신 분은 알겠지만 물속에 들어가기 좋아하는 개는 별로 없습니다. 처음엔 강제로 물에 넣기도 합니다. 그러나 처음엔 허우적대다가 금세 헤엄을 칩니다. 자신도 몰랐던 능력이 나타나는 것입니다.

하나님께서는 우리가 전도의 바다로 뛰어들기를 원하십니다. 성령이 우리를 도우실 것입니다. 북소두라도의 김인조 할아버지는 낡은 앰프를 애지중지하십니다. 그분의 낡은 테이프를 넣고 노래를 듣는 것입니다. 제가 전도를 시도해도 들은 척도 안하십니다. 그런데 어느 날 그 앰프가 고장이 났습니다. 드디어 제게 기회가 온 것이지요. 저는 그 앰프를 싸들고 와서 고쳐다 드렸습니다. 할아버지에겐 그 앰프가 바로 좋아하는 먹이였던 것입니다.

5
전도는 우리의 필수

1) 어둠의 세력이 두려울 때

17년 전 우리 교회 밑에 베다니 연수원을 지었을 때의 일입니다. 연수원을 짓자마자 3일간 금식을 했습니다. 그런데 밖에 나가기가 무서울 정도로 천둥과 비바람이 쳐서 연수원 안방에만 머물렀습니다. 그런데 방 안에도 사방에 귀신이 바글대는 것 같아 무서웠는데 찬양과 기도로 물리쳤습니다.

3일 째 되던 날 밤에 기도하다 잠이 들었습니다. 꿈에 순천 시내가 6. 25 때 폭격을 맞은 것처럼 폐허가 되어 있었습니다. 지하상가가 눈에 띠기에 그 밑으로 내려가 보았습니다. 그 안에 사람들이 우글거렸는데 모두 머리부터 발끝까지 내려 쓴 검정색옷을 입고 있는 것이었습니다. 이 꿈은 제가 꾸었던 꿈 가운데 가장 무서운 꿈이었습니다. 서둘러 그곳을 나가려는데 입구를 가로막고 있는 자가 "나가려면 이걸 받아가지고 나가라!" 자세히 보니 그 옷엔 666이라는 숫자가 새겨져 있었습니다.

"구원받은 하나님의 사람에게 감히 무슨 짓을 하느냐?"며 소리를 버럭 질렀습니다. 그랬더니 저보고 "네가 하나님의 사람이란 것을 증

✤ 전도하는 모습

명해보라!"는 것이었습니다. 그래서 저는 교회를 두 번이나 지었고 어쩌고 하니까 코웃음을 치는 것이었습니다. 그래서 이번에는 "나는 날마다 구원의 감격을 이기지 못해 전도하러 다니는 전도자다!"

그 순간 폐허에 환한 빛이 비추는 것이었습니다. 꿈이긴 했지만 제겐 개인적으로 시사하는 바가 많았습니다. 지금은 기도하다가 또는 꿈을 꾸다가 무서운 순간이 오면 '이 순간에 죽어도 나는 천국에 갈 텐데 뭐가 무섭단 말인가?' 하면서 '부름 받아 나선 이 몸'을 힘차게 부릅니다.

하나님께서는 전도하는 자들에게 귀신을 쫓아내며 새 방언을 말하며 뱀을 집어 올리며 무슨 독을 마실지라도 해를 받지 아니하며 병든 사람에게 손을 얹은즉 낫게 하는 능력을 주셨습니다. (마가복음

16:17-18참조)

힘들 때에는 십자가에 달리신 예수님을 떠올립니다. 그리고 스스로에게 묻습니다. "예수님의 고통보다 더하냐?"

전도를 하다보면 시비를 거는 사람도 있고, 욕을 하는 사람도 있습니다. 이때에는 주님을 떠올리십시오. 한번 섬에 갈 때마다 20분 안에 말씀을 전하고 영접시켜야 하기 때문에 십리이상을 빠른 걸음을 걸아야 합니다. 그러다보면 육체적으로 많이 지칩니다.

이 때 주님이 항상 계시다는 생각을 합니다. 구체적인 형상이 보이는 것은 아니지만 제가 속으로 "주님!" 부르면 힘을 주십니다.

2) 다른 종교를 비방하지 말 것

타종교인과 만났을 때 신학적 토론은 금물입니다. 무조건 잘 듣고 있다가 결정적인 순간(이 순간이 언제인지는 성령님께서 알려주실 것입니다.)에 한마디를 하십시오. 단 유머를 잃지 말아야 합니다. 그렇다고 억지로 웃기려고 애쓰지는 마십시오. 너무 거룩하게 하는 것도 안 좋습니다. 진정한 거룩은 어투와 행동으로 드러나는 것이 아닙니다. 삶속에서 얼마나 감사하느냐가 거룩의 척도입니다.

한 예로 "우린 불교 믿어요!"

"아 그렇습니까? 저도 불교를 믿었었지요."

산이 높다고 안 올라갈 수는 없습니다. 지레 겁먹으면 자기 눈높이 밖에는 오를 수 없기 때문입니다. 설사 힌두교를 믿는다고 해도 "그럼 리그베다를 많이 읽으셨겠군요? 저도 읽은 적이 있습니다."하면서 여유를 보여야 합니다.

　제 친구 아내도 여호와증인인데 질문에 답을 하기만 하면 기독교를 믿겠다고 했습니다. 첫 번째는 성경지식에 관한 것이었습니다. 기독교인들은 왜 그렇게 성경지식이 약하냐는 것입니다. 사실 여호와증인들에게는 소위 '빨간책' '파란 책'이 있는데 그들에겐 교과서와 같은 것입니다. 우리가 보는 성경은 그들에겐 참고서에 불과합니다. 질문의 요지는 성경지식이 없는데 어떻게 구원을 받느냐는 것이었습니다. 제가 대답했습니다.

　"예수님이 십자가에 못 박히실 때(그들은 예수님을 하나님의 아들로 인정하지 않을뿐더러 십자가라고 하지 않고 사투리로 "몽댕이"에 매달려 죽었다고 말합니다.) 양 옆의 강도 중 한 강도가 구원을 받았

✤ 섬 주민들에게 전도하는 모습

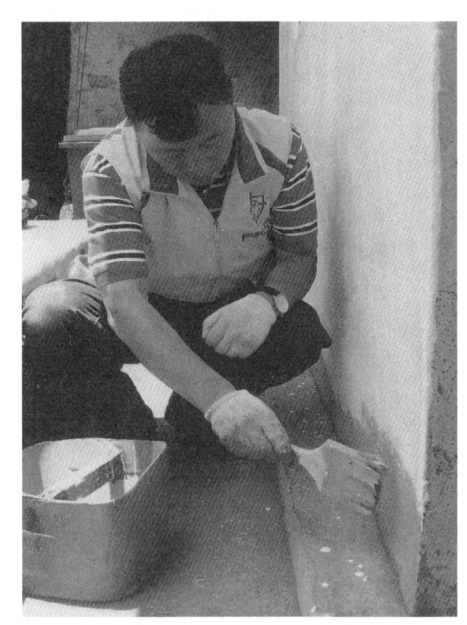

✤ 낙도에서 집수리하며 페인트 칠하는 모습

지요?"

그랬더니 그렇다고 인정을 하더군요.

"그 강도가 예수님에 대한 지식, 성경에 관한 지식이 있었나요?"

이것으로 첫 번째 관문을 통과했습니다.

두 번째, 예수님이 오실 때 구름을 타고 오신다는 말은 거짓말이라며 서울 하늘에 있는 구름이 전라도에서 보이겠느냐고 말하는 것이었습니다. 저도 잠시 긴장하며 속으로 기도를 했습니다. 그러자 성령께서 지혜를 주셨습니다.

"지금 밖에 나가면 죽두봉에서 달을 볼 수 있지요? 그런데 그 달이 서울에서는 안보일까요?"

이 정도면 판정승인 것 같았지요. 오전 8시에서 밤 8시까지 논쟁이 계속되었고 결국 그분들은 그리스도를 영접하고 현재 교회에 잘 다니고 있습니다. 이들의 공통점은 본질적인 것은 빼놓고 엉뚱한 질문으로 사람들을 당황하게 만든다는 것입니다.

그 후에도 제가 전도를 잘하고 다닌다는 것이 소문이 났던지 여호와증인들이 우리 집은 3개월 동안 집중하기 시작했습니다. 아마 저만 여호와증인 쪽으로 끌어들이면 부흥될 것이라고 생각했던 모양입니다. 그런데 그들은 결국 3개월 후 두 손을 번쩍 들고 포기해버렸습니다. 제가 물었습니다.

"이제 끝났습니까?"

"두 손 다 들었습니다."

그러면 이번엔 제 차례이니 제가 찾아 다니겠다고 말하고는 6개월 동안 그들을 집요하게 공략했습니다. 그 결과 여호와증인을 믿던 3가정을 전도했습니다.

작년에 제가 CBS '새롭게 하소서'에 출연한 적이 있습니다. 그런데 감사하게도 시청률이 1위를 기록해서 2006년 성탄절 무렵 앙코르방송을 했던 모양입니다.

제게 전화를 하셨던 집사님의 큰아버지께서는 남묘호랭객교 열렬한 신자이셨답니다. 영등포지구 최고책임자까지 맡으실 정도니 그 신앙적 연륜도 대단했겠지요. 그 분을 계속 전도하려 했지만 매번 "예수 이야기는 가짜다!" 하면서 너나 잘 믿으라고 호통을 치셨답니다. 그런데 그분이 암말기도 연대 세브란스 병원에 입원을 하셨답니다. 집사님께서는 기도로 무장하고 60일 아니 90일을 다니면서 전도를 포기하지 않으셨답니다. 그런데 이게 무슨 일일까요? 그분이 제가 출연했던 '새롭게 하소서'를 보시다가 그 자리에서 영접을 하셨답니다. "예수

✤ 출항할 때마다 가지고 가는 전도준비물품

천당! 불신지옥!" 이라는 대목에서 성령의 역사가 있었던 모양입니다. 그리고는 그 다음날 하나님 품으로 가셨다는 것입니다. 그제야 그 집사님의 목소리가 왜 그리 흥분상태였는지 이해가 갔습니다. 그리고 한 영혼을 천국으로 인도하신 하나님께 진심으로 감사드렸습니다.

3) 믿는 사람들 보기 싫어서 안 믿는다.

제 사촌형도 제가 전도를 하면 "믿는 사람들이 행동이 왜 그러느냐? 술 담배 할 것 다하고." 하면서 요리조리 빠져나갑니다.

그래서 제가 말했지요.

"형, 학교가면 다 모범생이야? 모범생이 있으면 말썽꾼도 있지. 왜 모범생은 안보고 말썽꾼만 보는데?"

또 다른 예로 어느 식당에 갔는데 특정 종업원이 불친절하게 굴었다고 해서 식당주인과 식당자체를 매도할 수 있겠는가? 식당주인은 마치 예수님과 같다고 말합니다. 불성실한 크리스천은 바로 일부 종업원과 같습니다. 그리고 "진짜 큰 죄는 믿지 않는 교만"이라고 확실히 말합니다.

저는 택시를 타면 어김없이 전도를 합니다. 그런데 실컷 예수이야기를 하고 나서 돈에 있어서 야박하게 굴면 오히려 더 욕을 먹습니다. 그래서 저는 택시 요금이 7천 원 정도 나왔다 하면 1만원을 그냥 주고 내립니다.

6
하나님께서 살려주신 이유

지금까지 살아오면서 죽을 고비를 두 번 넘겼습니다. 한번은 광도에서 나오다가 엔진고장이 나서 배를 타고 2시간 30분 동안 표류한 적이 있습니다.

배에는 CTS 이광명 전남 팀장과 신바른 PD, 낙도 전도 팀 모두 7사람 정도가 타고 있었습니다. 엔진사이에 헤드 개스킷이라는 얇은 막 같은 것이 있는데 그것이 열을 받아서 못쓰게 된 것입니다. 순간 엔진의 압력이 빠져나가면서 배가 멈췄습니다. 해경에 전화도 안 되고 안전지대라 무선 통신도 안 되고, 배안엔 무전기도 없었습니다. 휴대폰은 물론 안 되었습니다. 이 지역은 평소에도 파도가 2~3미터 정도로 높고 대낮에도 사고가 날 확률이 30퍼센트가 됩니다.

그런데 엔진이 멈춘 시각은 저녁 7시경으로 주위가 어두웠습니다. 어둠 속에서 배가 고장 났다는 곳은 곧 죽음을 의미한다는 것을 경험상 잘 알고 있습니다. 배가 파도에 밀려 한참 떠내려갔습니다. 내비게이션으로 위치파악은 가능했는데 '나라도' 가까이 왔다는 것은 알겠는데 레이더시설이 없어서 위험천하기 짝이 없었습니다.

사실 배는 안개가 끼었을 때와 깜깜할 때가 가장 위험합니다. 바로 그 때 기도 왕이신 정영택 목사님이 배 안에서 무릎을 꿇고 2시간 이상을 기도하셨습니다. 웬일인지 엔진이 다시 작동하기 시작했습니다. 바람이 세져서 20노트였던 속도가 6-7노트로 줄어들긴 했으나 모두 무사히 백야도 선착장에 귀항할 수 있었습니다. 이미 자정이 가까운 시간이었습니다.

7
전도자에게 주시는 축복

입시철이나 고시합격생 발표시즌이 되면 학교 정문 앞이나 시내 중심에 축하와 자랑의 글을 담은 현수막들이 펄럭이는 것을 보게 됩니다. 그러나 그것들이 얼마나 오래 펄럭일까요? 일정 시간이 지나면 그것을 바라보는 사람도 무관심해지고, 알아서 끌어내려지죠. 혹시 철수하는 것을 잊었을 때는 태양빛과 비바람에 탈색되고 낡아 흉물스런 모습으로 변해 오히려 보는 이들의 눈살을 찌푸리게 합니다. 이 세상에서 얻는 영예는 모두 이와 같습니다. 그러나 영원히 변치 않는 상급이 있습니다. 그것은 바로 잃어버린 자의 영혼을 구원한 사람들에게 주어지는 하나님의 축복과 격려입니다. "많은 사람을 옳은 데로 돌아오게 한 자는 별과 같이 영원토록 빛나리라"라는 다니엘서의 12장 3절 말씀처럼 말입니다.

저는 제 아들을 바라볼 때마다 이미 축복을 받았구나 생각합니다. 하나님의 축복은 하늘나라에서 뿐만 아니라 이 땅에서도 풍성하기 때문입니다. 사실 저는 제 아들이 공부를 그렇게 잘한다고 생각하지 않았습니다. 그런데 현재 중국 청화대학교 공대를 졸업하여 좋은 직장에 들어갔습니다. 저는 제 자녀를 통해 축복을 하셨고, 또 두 번의 교회 개척과 세 번의 성전 건축을 하게 하셨습니다. 섬 사역을 감당할 수 있도록 건강과 필요한 물질도 주시고 돕는 자들을 붙여주시고, 많은 사람들 앞에서 간증집회를 하게 하시는 이 은혜와 축복을 어찌 다 표현할 수 있겠습니까?

전라도 촌놈이 미국 전역을 다니며 뉴욕, LA, 시애틀, 워싱턴, 애틀랜타 등 지금까지 200여 교회가 넘게 집회를 다녔습니다. 지금도 요청이 들어오는 가운데 이 집회요청에 다 응할지 아닐지는 잘 모릅니다. 제게 있어서의 우선순위는 전도이기 때문에 전도하는 일을 제쳐두고 집회에 갈 생각은 없습니다. 앞으로의 일정은 하나님이 인도하시는 대로 따를 뿐입니다.

참으로 안타까운 사실은 저희 나라의 기독교인 수가 작년에도 또 재작년에도 5퍼센트씩 줄어들었다는 것입니다. 새로운 영혼들이 주님 앞에 나오기 보다는 교회간의 수평이동만 무성하기 때문입니다. 그러나 지금이라도 100년 전 1907년 평양 부흥 운동과 같은 영적 각성이 일어난다면 이 민족에게 살 길이 열릴 것입니다. 부흥의 참의미는 절대 물질적 성장에 있지 않기 때문입니다. 그런데도 교회의 몸 불리는 데에만 열심인 많은 목회자들을 보면 가슴이 아픕니다. 하나님이 기뻐하시는 진정한 부흥이란 주님을 모르던 사람들이 주님을 영접하고 그 삶이 변화되는 것이라고 생각합니다. 이들이 모두 세상에서 빛과 소금의 역할을 한다면 어찌 세상이 변하지 않을 수 있겠습니까?

심지어 하나님의 아들이신 예수님께서도 3년의 공생애를 시작하실 때 회개하라 천국이 가까워 왔다! 마지막 때에도 "성령 충만 ……" 전도가 곧 주의 일생이 아니셨습니까? 세례요한 역시 "회개하라 천국이

가까워왔다!"는 단 두 마디의 메시지를 외치지 않았습니까? 예수님께서 부활하신 후 승천하실 때에 "그러므로 너희는 가서 모든 민족을 제자로 삼아 아버지와 아들과 성령의 이름으로 세례를 베풀고 내가 너희에게 분부한 모든 것을 가르쳐 지키게 하라 볼지어다. 내가 세상 끝 날 까지 너희와 항상 함께 있으리라 하시니라"(마 28:19-20)라고 말씀하셨습니다. 그런데도 예수를 믿는다고 하면서도 평생 한 사람의 영혼도 전도하지 못했다면 부끄러워서 어떻게 주님 앞에 설 수 있겠습니까?

그러나 전도로 끝은 아닙니다. 그 다음에 선교와 구제가 이어져야 한다고 생각합니다. 죽을 뻔 한 환자가 회복되기까지 지속적인 치료가 있듯이 말입니다. 저의 소원은 제 소원이 예수님의 소원과 같아지는 것입니다. 그리고 제가 죽을 때까지의 소원은 지금부터 약 24년 전 제가 중앙감리교회를 지을 때 그 머릿돌 함에 넣은 글과 같습니다.

"첫째, 하나님 저희 가족친지들을 천국 보내주셔서 감사합니다.

둘째, 저와 대화를 나누고, 저와 악수를 나누고, 제가 바라보았던 사람들을 구원시켜 천국 보내주셔서 감사합니다."

✤ 태안 원유유출 현장(만리포에서)

✤ 태안 원유유출 사건 현장에 봉사활동을 갔던 신바람낙도선교회(만리포에서)

VII

부록

'두부전도왕'을 읽고 남겨주신 글들을 소개합니다.

고맙습니다 반 장로님

저는 대곡 두란노교회에 다니는 여성도입니다. 아버지가 많이 편찮으신데 구원기도를 늘 드렸는데 확실하게 영접기도를 하지 못해 걱정하던 중 우리 교회 초청강사로 오신 반 장로님의 말씀과 두부 전도왕 이 책을 읽고 그중 1분대기조... 말씀이 생각나 아버지가 의식을 잃기 전 영접기도를 드려야 되겠다 싶어 어제 울며 기도하다 오늘 드디어 저희 교회 목사님께 특별히 부탁드려 (실은 목사님이 대학교 강의가 11시에 있는데도 10시에 병원으로 와주심...) 아버지 영접기도를 드리고 어머니까지 같이 영접기도를 드리게 되는 놀랍고도 감사한 일이 일어났습니다.

부모님 구원기도는 중학생 때부터 했으니 몇 십 년 넘는 세월이 걸렸으나 책을 통해 더욱 이제는 돌아가시고 나서 울고 후회하면 안 되겠다 싶은 간절한 마음이 들었습니다.

이 공간을 통해 우리 아버지와 어머니를 구원해주신 주님과 저희 교회 조수환 목사님, 여러 공동기도해주신 전도사님, 집사님들 그리고 결심을 굳게 해 주신 반 장로님께 감사를 드립니다. 모든 것이 주님의 은혜입니다. 모든 사역자들과 전도자들, 기도하는 집사님들에게 하늘 은혜가 풍성하시길 바랍니다. 샬롬!

2006-11-01 11 박경숙

하나님께서 찾으시는 진정한 크리스챤요

한국에 유학 온 몽골 여학생이예요...

저자의 책을 우연히 독서하게 되어서 봤는데요..

정말 한숨에 다 읽을 정도로 은혜로운 책이었어요.

책을 보면서 오늘 날 교회 다니는 사람은 많지만,

과연 전도 즉 하나님의 사랑과 그의 나라를 모르는 사람들에게

전하는 사람이 얼마나 될까 하는 생각이 저절로 떠올랐어요.~~

그것도 사람들이 가기 싫은 곳(섬), 사람들이 가까이 가기 싫어하는

노인들.. 등등 사랑이 정말 필요한 이들에게 다가가서 하나님의

마음으로 전하는 이들이 얼마나 될까 ???

또 한 가지는 은혜 받는 것을 좋아하면서 핍박과 시련을 싫어하는

우리 모습, 또는 제 모습을 돌아보면서 하나님 앞에 얼마나 부끄럽고 후회

했는지요..

반봉혁 장로님처럼 천국에 가는 이를 기뻐하며, 지옥에 가는 사람을

불쌍히 여기고 하나님의 일에 힘쓰는 진정한 크리스챤을 이 시대에 주님

이 찾고 계시는 게 아닐까(?)하는 생각이 들었어요.

이 책을 못 보신 분들이 계시면 적극 추천해드리고 싶습니다.

외국인이로서의 서툰 저의 한국어 실력으로 느낀 것을

다 일일이 전달하기에는 무리일 것 같지만....

존경하는 장로님~~

앞으로 더욱 많은 일에 하나님이 장로님을 통해 역사하고 계심을 믿어요.

매일 성령님의 힘을 입어 더욱 많은 일에 쓰임 받으시길 기도합니다.

2006-10-03 알타

축복의 통로

축복의 통로이신 장로님 13년 전에 우리가정에 생활용품 한 아름 사주시고 축복 기도까지해주시는 장로님 감사드립니다. 두부 전도왕 책이 나왔을 때 너무 놀랐습니다. 책을 읽고 나서 그 많은 일 들을 언제 그리 하셨을까 생각했습니다. 한 사람 구원 시키는 것도 쉬운 일 아닌데 그 많은 영혼 들을 구원하고 새삶을 살아가도록 인도하고 교회가 교회답게 도와주시니 너무 귀한 일 많이 하셨네요. 장로님 두부 전도왕 책이 온세계 널리 퍼져 귀한 도구 되시길요. 온세계로 다니신다고 중앙 감리교회 김의애 권사 모른다고 하지 마세요.

2006-07-26 김은지

행복한 목자를 꿈꾸며……

먼저 하나님 은혜 감사를 드립니다.

저 같은 사람이 유명하신 반봉혁 장로님을 알고 있다는 그 자체가 감사하기도 합니다.

우연한 기회에 두부 전도왕을 알게 되어서 올 초에 저희 교회에서 초청 전도 간증 집회를 갖게 되었습니다.

제가 봉사하는 교회는 전형적인 농촌 교회입니다. 그럼에도 불구하고 첫 마디에 쾌히 승낙해주셔서 은혜스럽게 집회를 마쳤습니다. 모든 성도들과 참석한 이웃 교회 목회자들과 성도들까지도 은혜와 강한 도전을 받았다는 이야기를 들었습니다.

두부 전도왕이 책으로 나오게 되어서 더욱 감사합니다. 한 장 한 장마다 장로님의 영혼의 사랑하시는 귀한 마음이 담겨 있는 것 같습니다. 오늘도 한 영혼을 사랑하여서 발로 뛰면서 복음을 들고 나아가서 외치는 장로님의 영혼을 사랑하는 마음은 예수님의 마음이 아닌가 생각 됩니다.

전도왕에 관한 책들이 많이 있지만 특별히 두부 전도왕은 우리와 같은 농촌교회에서도 도전을 받을 수 있는 책이라고 생각 됩니다. 불신과 우상, 인척과 씨족 등으로 맺어져 있는 우리 농촌 사회에서도 접목해 볼 수 있는 전도법이라고 생각 됩니다.

특별히 반 장로님의 비래마을 전도는 지금까지 전도가 어렵다고만 생각하고 시도조차도 해 보지 못한 우리들의 마음에 크게 용기를 주는 사례라고 생각 됩니다. 두부 전도왕 책이 전국 곳곳에서 복음 사역에 매진하는 목회자들은 물론이요, 영혼구원에 관심을 가지고 전도하기 위해서 힘쓰는 모든 사역자들에게 귀하게 사용 되는 도구가 되었으면 하는 바램입니다.

끝으로, 반봉혁 장로님의 두부 전도법이 온 국민이 전도 되는 그날까지 널리 사용되기를 바랍니다.

감사합니다.

2006-07-06 최정구

제2의 베드로를 바라보면서

반 장로님의 전도체험 간증에 대한 책을 읽으면서 20년 전 광영에서 같이 신앙생활하며 산에서는 난 캐고 꿩 잡으며 바닷가에서는 물고기 잡아 초장 찍던 자연 속에서의 순수하고 행복했던 그 시절로 되돌아 간 것 같습니다. 당시에도 성령 충만하여 지나가던 사람 붙들고 목덜미 근육 풀어준다며 아프던 말든 기 넣어주며 예수님 전하고 주변 사람들에게 무엇이든 베풀던 그 열정이 더욱 뜨거워져 이제 사람을 낚는 큰 어부로 거듭나게 됨을 자랑스럽게 생각하면서 하나님께 영광을 돌립니다. 앞으로도 전도와 치유의 은사를 잘 감당하여 제2의 베드로가 되기를 기원하며 간증할 때마다 혹 인간적인 면은 가려주시고 오직 하나님의 영광만을 나타내는 사명자 되시길 바라면서 이 책을 통하여 개신교의 재도약에 전도의 불쏘시개가 되는 큰 역사가 나타나길 예수님 이름 받들어 기도드립니다.

2006-07-04 서채석

사도바울의 심장으로 열방을 향해

샬롬! 하나님을 사랑하고 하나님의 일을 기뻐하시는 장로님! 한 영혼을 소중히 여기며 사랑하는 장로님의 그 헌신과 열정이 우리의 마음을 적시고 도전받게 합니다. 두부 전도왕을 펼치는 그 순간부터 구구절절 깊은 감동과 은혜가 넘쳤습니다. 특히 2박3일 가족과 어머니를 향한 그 사랑이 묻어나는 금식여행은 정말 눈물겨웠습니다. 장로님의 어머니를 향한 사랑과 복음 전파를 위해 어디든지 달려가시는 그 열정과 섬김의 손길을 담고 싶습니다. 하나님의 사람인 장로님을 통해 하나님의 사람들을 향한 구원 계획이 이곳 순천에서 시작되어 팔도강산을 지나 열방을 향해 퍼져 나가길 소망합니다.

항상 하나님과 동행하시며 기도와 말씀으로 무장하신 장로님을 뵈면 사도 바울의 심장이 느껴집니다. 축복의 통로가 되신 장로님! GOD bless you!

2006-06-30 신진희

선한 열매맺는 삶

몇 해 전부터 가끔 반봉혁 장로님을 만나 뵐 수 있는 기회가 있었습니다. 그분의 개인적인 삶을 보면서 하나님의 택한 자녀로써 많은 신앙의 도전을 받곤 했습니다. 철저하게 하나님 중심, 교회 중심, 기도 중심의 삶과 예수님의 사랑을 실천하는 분으로 헌신, 봉사의 삶을 살고 계심을 엿볼 수 있었습니다.

성숙한 그리스도인의 모습을 보면서 한없이 주님 앞에 내 자신이 부끄럽고 초라하게 느낄 때도 많았습니다. 주님의 지상명령인 전도의 사역을 철저히 행하시며 행동으로 실천하시는 믿음과 순종의 삶을 본받고 싶습니다.

하나님은 자기희생적인 사람, 용기 있는 사람, 바나바와 같이 착하고 성령과 믿음이 충만한 사람, 탁월한 신앙의 사람을 부르시고 택하시는 줄 믿습니다.

바로 그분이 반봉혁 장로님이십니다. 그분의 열정과 주님을 향한 헌신은 탁월합니다. 자신과 가족에게는 한없이 인색하면서 남에게는 한없이 베푸는 삶, 그 삶 자체가 전도의 삶이 아닐까요?

이 패역하고 불의한 시대에 누구나 실천하기 힘든 삶이지요.

오직 주님만 바라보며 선한 열매를 맺기 위해 항상 애쓰시는 장로님의 자서전과 같은 책, '두부 전도왕'을 이웃에게 적극 추천하고 싶습니다.

2006-06-30 정순화

동생을 살리신 하나님

할렐루야!

하나님 사망에 골짝에서 동생 내외에게 새 생명 주심을 감사 드립니다. 두부 전도왕 장로님, 저는 오영숙 집사 언니 오인숙집사입니다.

간증 책을 통하여 그토록 많은 영혼을 사랑하시는 하나님이 기뻐하시는 장로님이신 줄 알았습니다. 그 많은 사역을 조금도 소홀히 하지 않으시고 손수 죽을 쑤어 오시고 힘내라고 격려와 기도로 늘 힘을 얻는다는 이야기를 동생을 통하여 들었습니다. 늘 성령님이 인도 하시는 대로 믿음을 실천하시는 장로님 너무 부럽습니다. 전도 십계명에 도전을 받고 절대로 포기하지 말라는 말씀에 힘을 얻습니다.

장로님 사고당시 저희 형제 칠남매와 어머님 각 곳에서 장례복, 장기기증을 준비하고, 예배를 동생교회에 목사님과 구역식구들이 드리고, 장례식장을 정하고, 음식은 어떻게 할 것이며 등등의 의논 중 기적이 일어났어요. 그 시간 장로님과 목사님과 믿음의 식구들에 기도가 동생을 살리셨습니다.

벌써 사고 난지 9개월의 세월이 흘렀지만 지금도 그 때를 생각하면 가슴이 떨려옵니다. 동생은 나날이 건강이 회복되어가고 있습니다.

이 고난을 통하여 자녀들은 더욱더 부모님에 소중함을 그리고 형제들은 더욱 사랑이 깊어가고 있습니다. 먼 곳에 육신은 떨어져 있지만 늘 영으로 기도하며 행복해하지요. 장로님 간증 속에 예수님의 식지 않는 사랑과 주님의 향기가 이 책을 통하여 보는 이마다 은혜 받고 전이 되어 모두 포기하지 않고 전하고 하나님의 역사하심을 기대합니다.

할렐루야

2006-06-29 오인숙

나도 전도할 수 있었다.

지나가는 사람들이 낯설지 않다. 벤치에 앉아 이야기하고 있는 사람들을 보면 나도 옆에 슬그머니 앉고 싶다. 그들의 영혼이 보이기 시작한다. 그들이 죽은 후 가게 될 세계가 강하게 느껴지기 시작한다.

나는 이 책을 읽는 도중에 새벽예배에 나가기 시작했다. 그리고 이 책을 다 읽고 난 후 여섯 사람을 영접시켰다. 대학교 때 이후 처음이다. 그동안 교회에서 숱한 전도 집회를 했지만 그 누구도 나로 하여금 전도하도록 하는데 성공한 사람은 없었다. 그러나 사람도 아닌 책 한권이 생각을 완전히 바꿔 놓았다. 난 정말 처음으로 살아있는 육체가 아닌 영혼에 대해서 사랑한다는 것이 무엇인지 생각하게 되었다.

이 책은 놀랍다. 그리고 저자의 삶도 놀랍다. 그러나 이 책을 다 읽고 난 후의 느낌은 나도 이 분처럼 살아갈 수 있고 그렇게 살고 싶다는 것이다. 앞으로도 계속 한 사람 한 사람 만날 때 마다 그들의 영혼을 먼저 생각하게 될 것이다.

2006-06-23 명상완